Stefan Zweig
Sternstunden der Menschheit

Fünf historische Miniaturen

Insel Verlag

Insel-Bücherei Nr. 165

Insel Verlag Berlin
© Insel-Verlag Leipzig 1927

Inhalt

Die Weltminute von Waterloo
(Napoleon und Grouchy, 18. Juni 1815)
7

Die Marienbader Elegie
(Goethe, 5. September 1823)
25

Die Entdeckung Eldorados
(J. A. Sutter, Januar 1848)
37

Heroischer Augenblick
(Dostojewski, 22. Dezember 1849)
49

Der Kampf um den Südpol
(Kapitän Scott, 16. Januar 1912)
58

Geschichte gestaltet als geistiger Spiegel der Natur wie jene selbst in unendlichen und unberechenbaren Formen: sie übt keine Methode und überspielt verächtlich jedwedes Gesetz. Bald scheint sie zielhaft wie Wasser zu strömen, bald wölkt sie Geschehnis aus dem lockeren Zufall des Winds. Oft stuft sie Epochen mit der großen Geduld der langsam aufwachsenden Kristalle, dann wieder preßt sie andrängende Sphären dramatisch in einen einzigen Blitz. Immer Bildnerin, enthüllt sie einzig in solchen Sekunden genialer Verkürzung sich als Künstlerin: denn ob auch Millionen Energien unsere Welt bewegen, immer sind es nur jene wenigen explosiven Augenblicke, die ihr dramatische Formen geben. Solcher Augenblicke habe ich hier aus dem Raum eines Jahrhunderts eine Fünfzahl nachzubilden versucht, ohne ihre seelische Wahrheit durch eigene Erfindung zu verfärben. Denn wo sie vollendet gestaltet, bedarf die Geschichte keiner nachhelfenden Hand, sondern einzig des ehrfürchtig darstellenden Worts.

Die Weltminute von Waterloo

(NAPOLEON UND GROUCHY, 18. JUNI 1815)

Das Schicksal drängt zu den Gewaltigen und Gewalttätigen. Jahrelang macht es sich knechtisch gehorsam einem Einzelnen hörig: Cäsar, Alexander, Napoleon; denn es liebt den elementaren Menschen, der ihm selber ähnlich wird, dem unfaßbaren Element.

Manchmal aber, ganz selten in allen Zeiten, wirft es in sonderbarer Laune irgend einem Gleichgültigen sich hin. Manchmal – und dies sind die erstaunlichsten Augenblicke der Weltgeschichte – fällt der Faden des Fatums für eine zuckende Minute in eines ganz Nichtigen Hand. Immer sind solche Menschen mehr erschreckt als beglückt dann von dem Sturm der Verantwortung, der sie in heroisches Weltspiel mengt, und fast immer lassen sie das zugeworfene Schicksal zitternd aus den Händen. Selten nur reißt einer die Gelegenheit mächtig empor und sich selber mit ihr. Denn bloß eine Sekunde lang gibt sich das Große hin an den Geringen; wer sie versäumt, den begnadet sie nie mehr ein zweites Mal.

GROUCHY

Zwischen Tanz, Liebschaften, Intrigen und Streit des Wiener Kongresses fährt als schmetternde Kanonenkugel sausend

die Nachricht, Napoleon, der gefesselte Löwe, sei ausgebrochen aus seinem Käfig in Elba; und schon jagen andere Stafetten nach: er hat Lyon erobert, er hat den König verjagt, die Truppen gehen mit fanatischen Fahnen zu ihm über, er ist in Paris, in den Tuilerien, vergeblich waren Leipzig und zwanzig Jahre menschenmörderischen Kriegs. Wie von einer Kralle gepackt, fahren die eben noch quengelnden und streitenden Minister zusammen, ein englisches, ein preußisches, ein österreichisches, ein russisches Heer wird eilig aufgeboten, noch einmal und nun endgültig den Usurpator der Macht niederzuschmettern: nie war das legitime Europa der Kaiser und Könige einiger als in dieser Stunde ersten Entsetzens. Von Norden rückt Wellington gegen Frankreich, an seiner Seite schiebt sich eine preußische Armee unter Blücher hilfreich heran, am Rhein rüstet Schwarzenberg, und als Reserve marschieren quer durch Deutschland langsam und schwer die russischen Regimenter.
Napoleon übersieht mit einem Ruck die tödliche Gefahr. Er weiß, keine Zeit bleibt, zu warten, bis die Meute sich sammelt. Er muß sie zerteilen, muß einzeln sie anfallen, die Preußen, die Engländer, die Österreicher, ehe sie zur europäischen Armee werden und der Untergang seines Kaiserreichs. Er muß eilen, weil sonst die Mißvergnügten im eigenen Lande erwachen, er muß schon Sieger sein, ehe die Republikaner erstarken und sich mit den Royalisten verbünden, bevor Fouché, der Zweizüngige und Unfaßbare, im Bunde mit Talleyrand, seinem Gegenspieler und Spiegelbild, ihm hinterrücks die Sehnen zerschneidet. In einem einzigen Elan muß er, den rauschenden Enthusiasmus der Armee nützend, gegen seine Feinde los: jeder Tag ist Ver-

lust, jede Stunde Gefahr. So wirft er hastig den klirrenden Würfel auf das blutigste Schlachtfeld Europas, nach Belgien. Am 15. Juni um drei Uhr morgens überschreiten die Spitzen der großen – und nun auch einzigen – Armee Napoleons die Grenze. Am 16. schon rennen sie bei Ligny gegen die preußische Armee an und schlagen sie zurück. Es ist der erste Prankenschlag des ausgebrochenen Löwen, ein furchtbarer, aber kein tödlicher. Geschlagen, aber nicht vernichtet, zieht sich die preußische Armee gegen Brüssel zurück.

Nun holt Napoleon aus zum zweiten Schlage, gegen Wellington. Er darf nicht Atem holen, nicht Atem lassen, denn jeder Tag bringt dem Gegner Verstärkung, und das Land hinter ihm, das ausgeblutete, unruhige französische Volk muß berauscht werden mit dem feurigen Fusel der Siegesbulletins. Noch am 17. marschiert er mit seiner ganzen Armee bis an die Höhen von Quatre-Bras, wo Wellington, der kalte stahlnervige Gegner, sich verschanzt hat. Nie waren Napoleons Dispositionen umsichtiger, seine militärischen Befehle klarer als an diesem Tage: er erwägt nicht nur den Angriff, sondern auch seine Gefahren, nämlich, daß die geschlagene, aber nicht vernichtete Armee Blüchers sich mit jener Wellingtons vereinigen könnte. Dies zu verhindern, spaltet er einen Teil seiner Armee ab, damit sie Schritt für Schritt die preußische Armee vor sich herjage und die Vereinigung mit den Engländern verhindere.

Den Befehl dieser Verfolgungsarmee übergibt er dem Marschall Grouchy. Grouchy: ein mittlerer Mann, brav, aufrecht, wacker, verläßlich, ein Reiterführer, oftmals bewährt, aber ein Reiterführer und nichts mehr. Kein heißer, mitreißender

Kavallerieberserker wie Murat, kein Stratege wie Saint Cyr und Berthier, kein Held wie Ney. Kein kriegerischer Küraß schmückt seine Brust, kein Mythus umrankt seine Gestalt, keine sichtbare Eigenheit gibt ihm Ruhm und Stellung in der heroischen Welt der Napoleonischen Legende: nur sein Unglück, nur sein Mißgeschick hat ihn berühmt gemacht. Zwanzig Jahre hat er gekämpft in allen Schlachten, von Spanien bis Rußland, von Niederland bis Italien, langsam ist er die Staffel bis zur Marschallswürde aufgestiegen, nicht unverdient, aber ohne sonderliche Tat. Die Kugeln der Österreicher, die Sonne Ägyptens, die Dolche der Araber, der Frost Rußlands haben ihm die Vorgänger weggeräumt, Desaix bei Marengo, Kleber in Kairo, Lannes bei Wagram: den Weg zur obersten Würde, er hat ihn nicht erstürmt, sondern er ist ihm freigeschossen worden durch zwanzig Jahre Krieg.

Daß er in Grouchy keinen Heros hat und keinen Strategen, nur einen verläßlichen, treuen, braven, nüchternen Mann, weiß Napoleon wohl. Aber die Hälfte seiner Marschälle liegt unter der Erde, die andern sind verdrossen auf ihren Gütern geblieben, müde des unablässigen Biwaks. So ist er genötigt, einem mittleren Mann entscheidende Tat zu vertrauen.

Am 17. Juni um elf Uhr vormittags, einen Tag nach dem Siege bei Ligny, einen Tag vor Waterloo, übergibt Napoleon dem Marschall Grouchy zum ersten Male ein selbständiges Kommando. Für einen Augenblick, für einen Tag tritt der bescheidene Grouchy aus der militärischen Hierarchie in die Weltgeschichte. Für einen Augenblick nur, aber für welch einen Augenblick! Napoleons Befehle sind klar. Während er selbst auf die Engländer losgeht, soll Grouchy mit einem

Drittel der Armee die preußische Armee verfolgen. Ein einfacher Auftrag anscheinend dies, grade und unverkennbar, aber doch biegsam und zweischneidig wie ein Schwert. Denn gleichzeitig mit jener Verfolgung ist Grouchy geboten, ständig in Verbindung mit der Hauptarmee zu bleiben.
Zögernd übernimmt der Marschall den Befehl. Er ist nicht gewohnt, selbständig zu wirken, seine Besonnenheit ohne Initiative fühlt sich nur sicher, wenn der geniale Blick des Kaisers ihr die Tat zuweist. Außerdem spürt er im Rücken die Unzufriedenheit seiner Generale, vielleicht auch, vielleicht, den dunklen Flügelschlag des Schicksals. Nur die Nähe des Hauptquartiers beruhigt ihn: denn bloß drei Stunden Eilmarsch trennen seine Armee von der kaiserlichen.
Im strömenden Regen nimmt Grouchy Abschied. Langsam rücken im schwammigen, lehmigen Grund seine Soldaten den Preußen nach, oder in die Richtung zumindest, in der sie Blücher und die Seinen vermuten.

DIE NACHT IN CAILLOU

Der nordische Regen strömt ohne Ende. Wie eine nasse Herde trotten im Dunkel die Regimenter Napoleons heran, jeder Mann zwei Pfund Schmutz an seinen Sohlen; nirgends Unterkunft, kein Haus und kein Dach. Das Stroh zu schwammig, um sich darauf hinzulegen, – so drücken sich immer zehn oder zwölf Soldaten zusammen und schlafen aufrecht sitzend, Rücken an Rücken, im strömenden Regen. Auch der Kaiser selbst hält keine Rast. Eine fiebrige Nervosität jagt ihn auf und nieder, denn die Rekognoszierungen versagen an der Undurchdringlichkeit des Wetters, Kundschafter melden höchst verworrenen Bericht. Noch weiß er nicht, ob Wellington die Schlacht annimmt, und von Grouchy fehlt Nachricht über die Preußen. So schreitet er selbst um ein Uhr nachts – gleichgültig gegen den sausenden Wolkenbruch – die Vorposten entlang bis auf Kanonenschußweite an die englischen Biwaks heran, die ab und zu ein dünnes, rauchiges Licht im Nebel zeigen, und entwirft den Angriff. Erst mit Tagesgrauen kehrt er in die kleine Hütte Caillou, in sein ärmliches Hauptquartier, zurück, wo er die ersten Depeschen Grouchys findet; unklare Nachrichten über den Rückzug der Preußen, immerhin aber das beruhigende Versprechen, ihnen zu folgen. Allmählich hört der Regen auf. Ungeduldig geht der Kaiser im Zimmer auf und ab und starrt gegen den gelben Horizont, ob nicht endlich sich die Ferne enthüllen wolle und damit die Entscheidung.

Um fünf Uhr morgens – der Regen hat aufgehört – klärt sich auch das innere Gewölk des Entschließens. Der Befehl wird gegeben, um neun Uhr habe sturmbereit die ganze Armee anzutreten. Die Ordonnanzen sprengen in alle Richtungen. Bald knattern die Trommeln zur Sammlung. Nun erst wirft sich Napoleon auf sein Feldbett, zwei Stunden zu schlafen.

DER MORGEN VON WATERLOO

Neun Uhr morgens. Aber die Truppen sind noch nicht vollzählig beisammen. Der von dreitägigem Regen durchweichte Grund erschwert jede Bewegung und hemmt das Nachrücken der Artillerie. Erst allmählich erscheint die Sonne und leuchtet unter scharfem Wind: aber es ist nicht die Sonne von Austerlitz, blankstrahlend und glückverheißend, son-

dern nur falben Scheins glitzert mißmutig dieses nordische Licht. Endlich sind die Truppen bereit, und nun, ehe die Schlacht beginnt, reitet noch einmal Napoleon auf seiner weißen Stute die ganze Front entlang. Die Adler auf den Fahnen senken sich nieder wie unter brausendem Wind, die Reiter schütteln martialisch ihre Säbel, das Fußvolk hebt zum Gruß seine Bärenmützen auf die Spitzen der Bajonette. Alle Trommeln rollen frenetischen Wirbel, die Trompeten stoßen ihre scharfe Lust dem Feldherrn entgegen, aber alle diese funkelnden Töne überwogt donnernd der über die Regimenter hinrollende, aus siebzigtausend Soldatenkehlen sonor brausende Jubelschrei: »Vive l'Empereur!«
Keine Parade der zwanzig Napoleonsjahre war großartiger und enthusiastischer als diese seine letzte. Kaum sind die Rufe verhallt, um elf Uhr – zwei Stunden später als vorausgesehen, um zwei verhängnisvolle Stunden zu spät! – ergeht an die Kanoniere der Befehl, die Rotröcke am Hügel niederzukartätschen. Dann rückt Ney, ›le brave des braves‹, mit dem Fußvolk vor; die entscheidende Stunde Napoleons beginnt. Unzählige Male ist diese Schlacht geschildert worden, aber man wird nicht müde, ihre aufregenden Wechselfälle zu lesen, bald in der großartigen Darstellung Walther Scotts, bald in der episodischen Darstellung Stendhals. Sie ist groß und vielfältig von nah und fern gesehen, ebenso vom Hügel des Feldherrn wie vom Sattel des Kürassiers. Sie ist ein Kunstwerk der Spannung und Dramatik mit ihrem unablässigen Wechsel von Angst und Hoffnung, der plötzlich sich löst in einem äußersten Katastrophenmoment, Vorbild einer echten Tragödie, weil in diesem Einzelschicksal das Schicksal Europas bestimmt war und das phantastische Feuerwerk der Na-

poleonischen Existenz prachtvoll wie eine Rakete noch einmal aufschießt in alle Himmel, ehe es in zuckendem Sturz für immer erlischt.

Von elf bis ein Uhr stürmen die französischen Regimenter die Höhen, nehmen Dörfer und Stellungen, werden wieder verjagt, stürmen wieder empor. Schon bedecken zehntausend Tote die lehmigen, nassen Hügel des leeren Landes, und noch nichts ist erreicht als Erschöpfung hüben und drüben. Beide Heere sind ermüdet, beide Feldherren beunruhigt. Beide wissen, daß dem der Sieg gehört, der zuerst Verstärkung empfängt, Wellington von Blücher, Napoleon von Grouchy. Immer wieder greift Napoleon nervös zum Teleskop, immer neue Ordonnanzen jagt er hinüber; kommt sein Marschall rechtzeitig heran, so leuchtet über Frankreich noch einmal die Sonne von Austerlitz.

DER FEHLGANG GROUCHYS

Grouchy, der unbewußt Napoleons Schicksal in Händen hält, ist indessen befehlsgemäß am 17. Juni abends aufgebrochen und folgt in der vorgeschriebenen Richtung den Preußen. Der Regen hat aufgehört. Sorglos wie in Friedensland schlendern die jungen Kompanien dahin, die gestern zum ersten Mal Pulver geschmeckt haben: noch immer zeigt sich nicht der Feind, noch immer ist keine Spur zu finden von der geschlagenen preußischen Armee.

Da plötzlich, gerade wie der Marschall in einem Bauernhaus ein rasches Frühstück nimmt, schüttert leise der Boden unter ihren Füßen. Sie horchen auf. Wieder und wieder rollt dumpf und schon verlöschend der Ton heran: Kanonen sind

das, feuernde Batterien von ferne, doch nicht gar zu ferne, höchstens drei Stunden weit. Ein paar Offiziere werfen sich nach Indianerart auf die Erde, um deutlich die Richtung zu erlauschen. Stetig und dumpf dröhnt dieser ferne Schall. Es ist die Kanonade von Saint Jean, der Beginn von Waterloo. Grouchy hält Rat. Heiß und feurig verlangt Gerard, sein Unterbefehlshaber: »Il faut marcher au canon«, rasch hin in die Richtung des Geschützfeuers! Ein zweiter Offizier stimmt zu: hin, nur rasch hinüber! Es ist für sie alle zweifellos, daß der Kaiser auf die Engländer gestoßen ist und eine schwere Schlacht begonnen hat. Grouchy wird unsicher. An Gehorchen gewöhnt, hält er sich ängstlich an das geschriebene Blatt, an den Befehl des Kaisers, die Preußen auf ihrem Rückzug zu verfolgen. Gerard wird heftiger, als er sein Zögern sieht: »Marchez au canon!« – Wie ein Befehl klingt die Forderung des Unterkommandanten vor zwanzig Offizieren und Zivilisten, nicht wie eine Bitte. Das verstimmt Grouchy. Er erklärt härter und strenger, nicht abweichen zu dürfen von seiner Pflicht, solange keine Gegenordre vom Kaiser eintreffe. Die Offiziere sind enttäuscht, und die Kanonen poltern in ein böses Schweigen.
Da versucht Gerard sein Letztes: er bittet flehentlich, wenigstens mit seiner Division und etwas Kavallerie hinüber auf das Schlachtfeld zu dürfen, und verpflichtet sich, rechtzeitig zur Stelle zu sein. Grouchy überlegt. Er überlegt. Er überlegt eine Sekunde lang.

Eine Sekunde überlegt Grouchy, und diese eine Sekunde formt sein eigenes Schicksal, das Napoleons und das der Welt. Sie entscheidet, diese Sekunde im Bauernhaus von Walhaim, über das ganze neunzehnte Jahrhundert, und sie hängt an den Lippen – Unsterblichkeit – eines recht braven, recht banalen Menschen, sie liegt flach und offen in den Händen, die nervös die verhängnisvolle Ordre des Kaisers zwischen den Fingern knittern. Könnte Grouchy jetzt Mut fassen, kühn sein, ungehorsam der Ordre aus Glauben an sich und das sichtliche Zeichen, so wäre Frankreich gerettet. Aber der subalterne Mensch gehorcht immer dem Vorgeschriebenen und nie dem Anruf des Schicksals.
So winkt Grouchy energisch ab. Nein, das wäre unverantwortlich, ein so kleines Korps noch einmal zu teilen. Seine Aufgabe gebietet, die Preußen zu verfolgen, nichts als dies. Und er weigert sich, gegen den Befehl des Kaisers zu handeln. Die Offiziere schweigen verdrossen. Es entsteht eine Stille um ihn. Und in ihr entschwebt unwiderruflich, was Worte und Taten dann nie mehr fassen können: die entscheidende Sekunde. Wellington hat gesiegt.
So marschieren sie weiter, Gerard, Vandamme, mit zornigen Fäusten, Grouchy bald beunruhigt und von Stunde zu Stunde unsicherer: denn sonderbar, noch immer zeigen sich die Preußen nicht, offenbar haben sie die Richtung auf Brüssel verlassen. Bald melden Botschafter verdächtige Anzeichen, daß ihr Rückzug sich in einen Flankenmarsch zum Schlachtfeld verwandelt habe. Noch wäre es Zeit, mit letzter Eile dem Kaiser zu Hilfe zu kommen, und immer ungedul-

diger wartet Grouchy auf die Botschaft, auf den Befehl, zurückzukehren. Aber keine Nachricht kommt. Nur dumpf rollen immer ferner von drüben die Kanonen über die schauernde Erde: die eisernen Würfel von Waterloo.

DER NACHMITTAG VON WATERLOO

Unterdessen ist es ein Uhr geworden. Vier Attacken sind zwar zurückgeworfen, aber sie haben das Zentrum Wellingtons empfindlich aufgelockert: schon rüstet Napoleon zum entscheidenden Sturm. Er läßt die Batterien vor Belle-Alliance verstärken, und ehe der Dampf der Kanonade seinen wolkigen Vorhang zwischen die Hügel zieht, wirft Napoleon noch einen letzten Blick über das Schlachtfeld.
Da bemerkt er nordöstlich einen dunkel vorrückenden Schatten, der aus den Wäldern zu fließen scheint: neue Truppen! Sofort wendet sich jedes Fernglas hin: ist es schon Grouchy, der kühn den Befehl überschritten hat und nun wunderbar zur rechten Stunde kommt? Nein, ein eingebrachter Gefangener meldet, es sei die Vorhut der Armee des Generals von Blücher, preußische Truppen. Zum ersten Mal ahnt der Kaiser, jene geschlagene preußische Armee müsse sich der Verfolgung entzogen haben, um sich vorzeitig mit den Engländern zu vereinigen, indes ein Drittel seiner eigenen Truppen nutzlos im Leeren herummanövriere. Sofort schreibt er einen Brief an Grouchy mit dem Auftrag, um jeden Preis die Verbindung aufrecht zu erhalten und die Einmengung der Preußen in die Schlacht zu verhindern.
Zugleich erhält der Marschall Ney die Ordre zum Angriff. Wellington muß geworfen werden, ehe die Preußen eintref-

fen: kein Einsatz scheint mehr zu verwegen bei so plötzlich verringerten Chancen. Nun folgen den ganzen Nachmittag jene furchtbaren Attacken auf das Plateau mit immer frisch vorgeworfener Infanterie. Immer erstürmen sie die zerschossenen Dörfer, immer werden sie wieder herabgeschmettert, immer wieder erhebt sich mit flatternden Fahnen die Welle gegen die schon zerhämmerten Karrees. Aber noch immer hält Wellington stand, und noch immer kommt keine Nachricht von Grouchy. »Wo ist Grouchy? Wo bleibt Grouchy?« murmelt der Kaiser nervös, wie er den Vortrab der Preußen allmählich eingreifen sieht. Auch die Befehlshaber unter ihm werden ungeduldig. Und entschlossen, gewaltsam ein Ende zu machen, schleudert Marschall Ney – ebenso tollkühn wie Grouchy allzu bedächtig (drei Pferde sind ihm schon unter dem Leibe erschossen) – mit einem Wurf die ganze französische Kavallerie in einer einzigen Attacke heran. Zehntausend Kürassiere und Dragoner versuchen diesen fürchterlichen Todesritt, zerschmettern die Karrees, hauen die Kanoniere nieder und sprengen die ersten Reihen. Zwar werden sie selbst wieder herabgedrängt, aber die Kraft der englischen Armee ist im Erlöschen, die Faust, die jene Hügel umkrallt, beginnt sich zu lockern. Und wie nun die dezimierte französische Kavallerie vor den Geschützen zurückweicht, rückt die letzte Reserve Napoleons, die alte Garde, schwer und langsamen Schrittes heran, um den Hügel zu stürmen, dessen Besitz das Schicksal Europas verbürgt.

DIE ENTSCHEIDUNG

Vierhundert Kanonen donnern ununterbrochen seit Morgen auf beiden Seiten. An der Front klirren die Kavalkaden der Reiterei gegen die feuernden Karrees, Trommelschläge prasseln auf das dröhnende Fell, die ganze Ebene bebt vom vielfältigen Schall. Aber oben, auf den beiden Hügeln, horchen die beiden Feldherren über das Menschengewitter hinweg. Sie horchen beide auf leiseren Laut.

Zwei Uhren ticken leise wie Vogelherzen in ihrer Hand über die gewitternden Massen. Napoleon und Wellington, beide greifen sie ununterbrochen nach dem Chronometer und zählen die Stunden, die Minuten, die ihnen jene letzte, entscheidende Hilfe bringen müssen. Wellington weiß Blücher nah, und Napoleon hofft auf Grouchy. Beide haben sie keine Reserven mehr, und wer zuerst eintrifft, hat die Schlacht entschieden. Beide spähen sie mit dem Teleskop nach dem Waldrand, wo jetzt wie ein leichtes Gewölk der preußische Vortrab zu erscheinen beginnt. Aber sind es nur Plänkler oder die Armee selbst, auf ihrer Flucht vor Grouchy? Schon leisten die Engländer nur mehr letzten Widerstand, aber auch die französischen Truppen ermatten. Wie zwei Ringer keuchend, stehen sie mit schon gelähmten Armen einander gegenüber, atemholend, ehe sie einander zum letzten Male fassen: die unwiderrufliche Runde der Entscheidung ist gekommen.

Da endlich donnern Kanonen an der Flanke der Preußen: Geplänkel, Füsilierfeuer! »Enfin Grouchy!« Endlich Grouchy! atmet Napoleon auf. Im Vertrauen auf die nun gesicherte Flanke sammelt er seine letzte Mannschaft und wirft sie noch einmal gegen Wellingtons Zentrum, den englischen Riegel vor Brüssel zu zerbrechen, das Tor Europas aufzusprengen.

Aber jenes Gewehrfeuer war bloß ein irrtümliches Geplänkel, das die anrückenden Preußen, durch die andere Uniform verwirrt, gegen die Hannoveraner begonnen: bald stellen sie das Fehlfeuer ein, und ungehemmt, breit und mächtig, quellen jetzt ihre Massen aus der Waldung hervor. Nein, es ist nicht Grouchy, der mit seinen Truppen anrückt, sondern Blücher, und damit das Verhängnis. Die Botschaft verbreitet sich rasch unter den kaiserlichen Truppen, sie beginnen zurückzuweichen, in leidlicher Ordnung noch. Aber Wellington erfaßt den kritischen Augenblick. Er reitet bis an den Rand des siegreich verteidigten Hügels, lüftet den Hut und schwenkt ihn über dem Haupt gegen den weichenden Feind. Sofort verstehen die Seinen die triumphierende Geste. Mit einem Ruck erhebt sich, was von englischen Truppen noch übrig ist, und wirft sich auf die gelockerte Masse. Von der Seite stürzt gleichzeitig preußische Kavallerie in die ermattete, zertrümmerte Armee: der Schrei gellt auf, der tödliche, »Sauve qui peut!« Ein paar Minuten nur, und die Grande Armee ist nichts mehr als ein zügellos jagender Angststrom, der alles, auch Napoleon selbst, mitreißt. Wie in wehrloses, fühlloses Wasser schlägt die nachspornende Kavallerie in diesen rasch und flüssig rückrennenden Strom, mit lockerem Zug fischen sie die Karosse Napoleons, den Heerschatz, die ganze Artillerie aus dem schreienden Schaum von Angst und Entsetzen, und nur die einbrechende Nacht rettet dem Kaiser Leben und Freiheit. Aber der mitternachts dann, verschmutzt und betäubt, in einem niedern Dorfwirtshaus müde in den Sessel fällt, ist kein Kaiser mehr. Sein Reich, seine Dynastie, sein Schicksal sind zu Ende: die Mutlosigkeit eines kleinen, unbedeutenden Menschen hat zerschlagen, was der Kühnste und Weitblickendste in zwanzig heroischen Jahren erbaut.

RÜCKSTURZ INS TRAGISCHE

Kaum schmettert der englische Angriff Napoleon nieder, so jagt ein damals fast Namenloser auf einer Extrakalesche die Straße nach Brüssel und von Brüssel an das Meer, wo ein Schiff seiner wartet. Er segelt hinüber nach London, um dort vor den Stafetten der Regierung einzutreffen, und es gelingt ihm, dank der noch unbekannten Nachricht, die Börse zu sprengen: es ist Rothschild, der mit diesem genialen Zug ein anderes Kaiserreich begründet, eine neue Dynastie. Am nächsten Tage weiß England um den Sieg und weiß in Paris Fouché, der ewige Verräter, um die Niederlage: schon dröhnen in Brüssel und Deutschland die Siegesglocken.

Nur einer weiß am nächsten Morgen noch nichts von Waterloo, obzwar nur vier Stunden weit von dem Schicksalsort: der unglückselige Grouchy; beharrlich und planmäßig ist er, genau nach dem Befehl, den Preußen nachgerückt. Aber sonderbar, er findet sie nirgends, das wirft Unsicherheit in sein Gefühl. Und immer noch poltern von nahe her die Kanonen lauter und lauter, als schrien sie um Hilfe. Sie spüren die Erde beben und spüren jeden Schuß bis ins Herz. Alle wissen nun, das gilt keinem Geplänkel, sondern eine gigantische Schlacht ist entbrannt, die Schlacht der Entscheidung.

Nervös reitet Grouchy zwischen seinen Offizieren. Sie ver-

meiden, mit ihm zu diskutieren: ihr Ratschlag ist ja verworfen.
Erlösung darum, wie sie bei Wavre endlich auf ein einzelnes preußisches Korps stoßen, auf Blüchers Nachhut. Gleich Rasenden stürmen sie gegen die Verschanzungen, Gerard allen voran, als suche er, von düsterer Ahnung getrieben, den Tod. Eine Kugel schlägt ihn nieder: der lauteste der Mahner ist nun stumm. Mit Nachteinbruch stürmen sie das Dorf, aber sie fühlens, dieser kleine Nachhutsieg hat keinen Sinn mehr, denn mit einmal ist es von drüben, vom Schlachtfeld her, vollkommen still geworden. Beängstigend stumm, grauenhaft friedlich, ein gräßlich totes Schweigen. Und alle spüren sie, daß das Rollen der Geschütze noch besser war als diese nervenzerfressende Ungewißheit. Die Schlacht muß entschieden sein, die Schlacht bei Waterloo, von der endlich Grouchy (zu spät!) jenes hilfedrängende Billett Napoleons erhalten hat. Sie muß entschieden sein, die gigantische Schlacht, doch für wen?
Und sie warten die ganze Nacht. Vergeblich! Keine Botschaft kommt von drüben. Es ist, als hätte sie die Große Armee vergessen und sie ständen leer und sinnlos im undurchsichtigen Raum. Am Morgen brechen sie die Biwaks ab und nehmen den Marsch wieder auf, todmüde und längst bewußt, daß all ihr Marschieren und Manövrieren längst zwecklos geworden ist. Da endlich, um zehn Uhr vormittags, sprengt ein Offizier des Generalstabs heran. Sie helfen ihm vom Pferde und überschütten ihn mit Fragen. Aber er, das Antlitz verwüstet von Grauen, die Haare naß an den Schläfen und zitternd von übermenschlicher Anstrengung, stammelt nur unverständliche Worte, Worte, die sie nicht verstehen, nicht

verstehen können und wollen. Für einen Wahnsinnigen, für einen Trunkenen halten sie ihn, wie er sagt, es gäbe keinen Kaiser mehr, keine kaiserliche Armee, Frankreich sei verloren. Aber nach und nach entreißen sie ihm die ganze Wahrheit, den niederschmetternden, tödlich lähmenden Bericht. Grouchy steht bleich und stützt sich zitternd auf seinen Säbel: er weiß, daß jetzt das Martyrium seines Lebens beginnt. Aber er nimmt entschlossen die undankbare Aufgabe der vollen Schuld auf sich. Der subalterne, zaghafte Untergebene, der in der großen Sekunde der unsichtbaren Entscheidung versagte, wird jetzt, Blick in Blick mit einer nahen Gefahr, wieder Mann und beinahe Held. Er versammelt sofort alle Offiziere und hält, Tränen des Zorns und der Trauer in den Augen, eine kurze Ansprache, in der er sein Zögern rechtfertigt und gleichzeitig beklagt. Schweigend hören ihn seine Offiziere an, die ihm gestern noch grollten. Jeder könnte ihn anklagen und sich rühmen, besserer Meinung gewesen zu sein. Aber keiner wagt und will es. Sie schweigen und schweigen. Die rasende Trauer macht sie alle stumm.

Und gerade in jener Stunde nach seiner versäumten Sekunde zeigt Grouchy – nun zu spät – seine ganze militärische Kraft. Alle seine großen Tugenden: Besonnenheit, Tüchtigkeit, Umsicht und Gewissenhaftigkeit, werden klar, seit er wieder sich selbst vertraut und nicht mehr geschriebenem Befehl. Von fünffacher Übermacht umstellt, führt er – eine meisterhafte taktische Leistung – mitten durch die Feinde seine Truppen zurück, ohne eine Kanone, ohne einen Mann zu verlieren, und rettet Frankreich, rettet dem Kaiserreich sein letztes Heer. Aber kein Kaiser ist, wie er heimkehrt, mehr da, ihm zu danken, kein Feind, dem er die Truppen entgegenstellen kann. Er ist zu spät gekommen, zu spät für immer; und wenn nach außen sein Leben noch aufsteigt und man ihn zum Oberkommandanten ernennt, zum Pair von Frankreich, und er in jedem Amt sich mannhaft-tüchtig bewährt, nichts kann ihm mehr diesen einen Augenblick zurückkaufen, der ihn zum Herrn des Schicksals gemacht und dem er nicht gewachsen war.

So furchtbar rächt sich die große Sekunde, sie, die selten in das Leben der Irdischen niedersteigt, an dem zu Unrecht Gerufenen, der sie nicht zu nützen weiß. Alle bürgerlichen Tugenden, wohl wappnend gegen die Ansprüche stillrollenden Tags, Vorsicht, Gehorsam, Eifer und Bedächtigkeit, sie alle schmelzen ohnmächtig in der Glut des großen Schicksalsaugenblicks, der immer nur den Genius fordert und zum dauernden Bildnis formt. Verächtlich stößt er den Zaghaften zurück; einzig den Kühnen hebt er, ein anderer Gott der Erde, mit feurigen Armen in den Himmel der Helden empor.

Die Marienbader Elegie

(GOETHE ZWISCHEN KARLSBAD UND WEIMAR,
5. SEPTEMBER 1823)

Am 5. September 1823 rollt ein Reisewagen langsam die Landstraße von Karlsbad gegen Eger zu: der Morgen schauert schon herbstlich kühl, scharfer Wind geht durch die abgeernteten Felder, aber blau spannt sich der Himmel über geweitete Landschaft. In der Kalesche sitzen drei Männer, der Großherzoglich Sachsen – Weimarsche Geheimrat v. Goethe (wie ihn die Kurliste Karlsbads rühmend verzeichnet) und die beiden Getreuen, Stadelmann, der alte Diener, und John, der Sekretär, dessen Hand fast alle Goethe-Werke des neuen Jahrhunderts zum ersten Mal geschrieben. Keiner von beiden spricht ein Wort, denn seit der Abfahrt von Karlsbad, wo junge Frauen und Mädchen mit Gruß und Kuß den Scheidenden umdrängten, hat sich die Lippe des alternden Mannes nicht mehr geregt. Unbewegt sitzt er im Wagen, nur der sinnende, in sich gefangene Blick deutet auf innere Bewegung. In der ersten Relaisstation steigt er aus, die beiden Gefährten sehen ihn hastig mit der Bleifeder Worte auf ein zufälliges Blatt schreiben, und das gleiche wiederholt sich auf dem ganzen Wege bis Weimar bei Fahrt und Rast. In Zwotau, kaum angekommen, im Schloß Hartenberg am nächsten Tage, in Eger, und dann in Pößneck, überall ist es sein erstes, das im rollenden Gefährt Übersonnene in eilender Schrift zu vermerken. Und das Tagebuch verrät nur lakonisch: ›An dem Gedicht redigiert‹ (6. September), ›Sonntag das Gedicht fortgesetzt‹ (7. September), ›das Gedicht abermals unterwegs durchgegangen‹ (12. September). In Weimar, am Ziele, ist auch das Werk vollendet; kein geringeres als die ›Marienbader Elegie‹, das bedeutendste, das persönlich intimste und darum von ihm auch geliebteste Gedicht seines Alters, sein heroischer Abschied und sein heldenhafter Neubeginn.

›Tagebuch innerer Zustände‹ hat Goethe einmal im Gespräch die Gedichte genannt, und vielleicht kein Blatt seines Lebenstagebuches liegt so offen, so klar in Ursprung und Entstehung vor uns wie dies tragisch fragende, tragisch klagende Dokument seines innersten Gefühls: kein lyrischer Erguß seiner Jünglingsjahre ist so unmittelbar aus Anlaß und Geschehnis entsprungen, kein Werk können wir dermaßen Zug um Zug, Strophe um Strophe, Stunde an Stunde sich bilden sehen als dies ›wundersame Lied, das uns bereitet‹, dieses tiefste, reifste, wahrhaft herbstlich erglühende Spätlingsgedicht des Vierundsiebzigjährigen. ›Produkt eines höchst leidenschaftlichen Zustandes‹, wie er es Eckermann gegenüber nannte, vereint es gleichzeitig erhabenste Bändigung der Form: so wird, offenbar und geheimnisvoll zugleich, feurigster Lebensaugenblick in Gestaltung verwandelt. Noch heute, nach hundert Jahren, ist nichts welk und abgedunkelt an diesem herrlichen Blatt seines weitverzweigten rauschenden Lebens, und noch Jahrhunderte bewahrt sich dieser 5. September denkwürdig im Gedächtnis und Gefühl kommenden deutschen Geschlechts.

Über diesem Blatt, diesem Gedicht, diesem Menschen, dieser Stunde steht strahlend der seltene Stern der Neugeburt. Im Februar 1822 hatte Goethe schwerste Krankheit zu überstehen, heftige Fieberschauer durchschüttern den Körper, zu manchen Stunden ist das Bewußtsein schon verloren, und er selbst scheint es nicht minder. Die Ärzte, die kein deutliches Symptom erkennen und nur die Gefahr spüren, sind ratlos. Aber plötzlich, wie sie gekommen, entschwindet die Krankheit: im Juni geht Goethe nach Marienbad, ein vollkommen Verwandelter, denn fast hat es den Anschein, als ob jener Anfall nur Symptom einer inneren Verjüngung, einer ›neuen Pubertät‹ gewesen sei; der verschlossene, verhärtete, pedantische Mann, in dem das Dichterische fast ganz zu Gelehrsamkeit verkrustet war, gehorcht seit Jahrzehnten wieder nur mehr ganz dem Gefühl. Musik ›faltet ihn auseinander‹, wie er sagt, kaum kann er Klavier spielen und besonders von einer so schönen Frau wie Szymanowska spielen hören, ohne daß seine Augen in Tränen stehen; er sucht aus tiefstem Triebe Jugend auf, und staunend sehen die Genossen den Vierundsiebzigjährigen bis Mitternacht mit Frauen schwärmen, sehen ihn, wie er seit Jahren wieder zum Tanz antritt und ihm, wie er stolz erzählt, ›beim Damenwechsel die meisten hübschen Kinder in die Hand kamen‹. Sein starres Wesen ist magisch aufgeschmolzen in diesem Sommer, und aufgetan, wie seine Seele nun ist, verfällt sie dem alten Zauber, der ewigen Magie. Das Tagebuch vermeldet verräterisch ›konziliante Träume‹, der ›alte Werther‹ wird wieder in ihm wach: Frauennähe begeistert ihn zu kleinen Gedichten, zu scherzhaften Spielen und Neckereien, wie er sie vor einem halben Jahrhundert mit Lili Schönemann geübt. Noch schwankt unsicher die Wahl dem Weiblichen zu: erst ist es die schöne Polin, dann aber die neunzehnjährige Ulrike von Levetzow, der sein genesenes Gefühl entgegenschlägt. Vor fünfzehn Jahren hat er ihre Mutter geliebt und verehrt, vor einem Jahre noch ›das Töchterlein‹ bloß väterlich geneckt, nun aber wächst Neigung jäh zur Leidenschaft, sein ganzes Wesen, nun eine andere Krankheit, ergreifend, tiefer ihn aufrüttelnd in der vulkanischen Welt des Gefühls als seit Jahren ein Erlebnis. Wie ein Knabe schwärmt der Vierundsiebzigjährige: kaum daß er die lachende Stimme auf der Promenade hört, läßt er die Arbeit und eilt ohne Hut und Stock zu dem heiteren Kinde hinab. Aber er wirbt auch wie ein Jüngling, wie ein Mann: das groteskeste Schauspiel, leicht satyrhaft im Tragischen, tut sich auf. Nachdem er mit dem Arzt geheim beraten, offenbart Goethe sich dem ältesten seiner Gefährten, dem Großherzog, mit der Bitte, er möchte für ihn bei Frau Levetzow um die Hand ihrer Tochter Ulrike werben. Und der Großherzog, gedenkend mancher tollen gemeinsamen Weibernacht vor fünfzig Jahren, vielleicht still und schadenfreudig lächelnd über den Mann, den Deutschland, den Europa als den Weisesten der Weisen, den reifsten und abgeklärtesten Geist des Jahrhunderts verehrt – der Großherzog legt feierlich Stern und Orden an und geht für den Vierundsiebzigjährigen die Hand des neunzehnjährigen Mädchens von ihrer Mutter erbitten. Über die Antwort ist Genaues nicht bekannt – sie scheint abwartend, hinausschiebend gewesen zu sein. So ist Goethe Werber ohne Gewißheit, beglückt von bloß flüchtigem Kusse, liebgemeinten Worten, indes leidenschaftlicher und leidenschaftlicher das Verlangen ihn durchwogt, noch einmal Jugend in so zarter Gestalt zu besitzen. Noch einmal ringt der ewig Ungeduldige um höchste Gunst des Augenblicks: treulich folgt er von Marienbad der Geliebten nach Karlsbad, auch hier nur Ungewißheit für die Feurigkeit seines Wunsches findend, und mit dem sinkenden Sommer mehrt sich seine Qual. Endlich naht der Abschied, nichts versprechend, weniges verheißend, und wie nun der Wagen rollt, fühlt der große Ahnende, daß nun ein Ungeheures in seinem Leben zu Ende ist. Aber tiefsten Schmerzes ewiger Genosse, ist in verdunkelter Stunde der alte Tröster da: über den Leidenden neigt sich der Genius, und der im Irdischen Trost nicht findet, ruft nach dem Gott. Noch einmal flieht, wie unzählige Male schon, und nun zum letzten Mal, Goethe aus dem Erlebnis in die Dichtung, und in wundersamer Dankbarkeit für diese letzte Gnade schreibt der Vierundsiebzigjährige über dies sein Gedicht die Verse seines Tasso, die er vor vierzig Jahren gedichtet, um sie nun noch einmal staunend zu erleben:

> Und wenn der Mensch in seiner Qual verstummt,
> Gab mir ein Gott, zu sagen, was ich leide.

Sinnend sitzt nun der greise Mann im fortrollenden Wagen, unmutig bewegt von der Ungewißheit innerer Fragen. Noch war Ulrike frühmorgens mit der Schwester beim >tumultuarischen Abschied< zu ihm hingeeilt, noch hatte ihn der jugendliche, der geliebte Mund geküßt, aber war dieser Kuß ein zärtlicher, war er ein töchterlicher? Wird sie ihn lieben können, wird sie ihn nicht vergessen? Und der Sohn, die Schwiegertochter, die unruhig das reiche Erbe erharren, werden sie eine Heirat dulden, die Welt, wird sie seiner nicht spotten? Wird er im nächsten Jahre ihr nicht weggealtert

sein? Und wenn er sie sieht, was darf er vom Wiedersehen erhoffen?
Unruhig wogen die Fragen. Und plötzlich formt sich eine, die wesentlichste, zur Zeile, zur Strophe, – die Frage, die Not wird zum Gedicht, der Gott hat ihm gegeben, ›zu sagen, was er leidet‹. Unmittelbar, nackt geradezu, stößt sich der Schrei hinein in das Gedicht, gewaltigster Anschwung innerer Bewegung:

> Was soll ich nun vom Wiedersehen hoffen,
> Von dieses Tages noch geschloßner Blüte?
> Das Paradies, die Hölle steht dir offen;
> Wie wankelsinnig regt sichs im Gemüte! –

Und nun strömt der Schmerz in kristallene Strophen, wunderbar von der eigenen Wirrnis gereinigt. Und wie der Dichter seines inneren Zustandes chaotische Not, die ›schwüle Atmosphäre‹ durchirrt, hebt sich ihm zufällig der Blick. Aus dem rollenden Wagen sieht er morgendlich still die böhmische Landschaft, göttlichen Frieden gegen seine Unruhe gestellt, und schon fließt das eben erst geschaute Bildnis der Landschaft über in sein Gedicht:

> Ist denn die Welt nicht übrig? Felsenwände,
> Sind sie nicht mehr gekrönt von heiligen Schatten?
> Die Ernte, reift sie nicht? Ein grün Gelände,
> Zieht sichs nicht hin am Fluß durch Busch und Matten?
> Und wölbt sich nicht das überweltlich Große,
> Gestaltenreiche, bald Gestaltenlose?

Aber zu unbeseelt ist ihm diese Welt. In solch leidenschaftlicher Sekunde vermag er alles nur in Verbindung mit der Gestalt der Geliebten zu begreifen, und magisch gestaltet sich die Erinnerung zu verklärender Erneuerung:

> Wie leicht und zierlich, klar und zart gewoben
> Schwebt, seraphgleich, aus ernster Wolken Chor,
> Als glich' es ihr, am blauen Äther droben
> Ein schlank Gebild aus lichtem Duft empor!
> So sahst du sie in frohem Tanze walten,
> Die lieblichste der lieblichsten Gestalten.
>
> Doch nur Momente darfst dich unterwinden,
> Ein Luftgebild statt ihrer festzuhalten! –
> Ins Herz zurück! dort wirst du's besser finden,
> Dort regt sie sich in wechselnden Gestalten:
> Zu Vielen bildet Eine sich hinüber,
> So tausendfach, und immer, immer lieber.

Kaum beschworen, bildet sich aber Ulrikens Bildnis schon sinnlich gestaltet. Er schildert, wie sie ihn empfing und ›stufenweis beglückte‹, wie sie nach dem letzten Kuß ihm noch den ›allerletzten‹ auf die Lippen drückte, und selig erinnernder Beglückung dichtet nun in erhabenster Form der alte Meister eine der reinsten Strophen über das Gefühl der Hingabe und Liebe, die jemals die deutsche und irgendeine Sprache geschaffen:

> In unsers Busens Reine wogt ein Streben,
> Sich einem Höhern, Reinern, Unbekannten

> Aus Dankbarkeit freiwillig hinzugeben,
> Enträtselnd sich den ewig Ungenannten;
> Wir heißens fromm sein! – Solcher seligen Höhe
> Fühl ich mich teilhaft, wenn ich vor ihr stehe.

Aber gerade im Nachgefühl dieses seligsten Zustandes leidet der Verlassene unter der Trennung der Gegenwart, und nun bricht ein Schmerz hervor, der die erhaben elegische Stimmung des großartigen Gedichtes fast zerreißt, eine Offenheit des Empfindens, wie sie nur das spontane Verwandeln eines unmittelbaren Erlebnisses einmal in Jahren verwirklicht. Erschütternd ist diese Klage.

> Nun bin ich fern! Der jetzigen Minute,
> Was ziemt denn der? Ich wüßt es nicht zu sagen!
> Sie bietet mir zum Schönen manches Gute:
> Das lastet nur, ich muß mich ihm entschlagen.
> Mich treibt umher ein unbezwinglich Sehnen,
> Da bleibt kein Rat als grenzenlose Tränen.

Dann steigert sich, kaum steigerungsfähig, der letzte furchtbarste Aufschrei:

> Verlaßt mich hier, getreue Weggenossen!
> Laßt mich allein am Fels, in Moor und Moos!
> Nur immer zu! euch ist die Welt erschlossen,
> Die Erde weit, der Himmel hehr und groß:
> Betrachtet, forscht, die Einzelnheiten sammelt,
> Naturgeheimnis werde nachgestammelt!
> Mir ist das All, ich bin mir selbst verloren,

Der ich noch erst den Göttern Liebling war;
Sie prüften mich, verliehen mir Pandoren,
So reich an Gütern, reicher an Gefahr;
Sie drängten mich zum gabeseligen Munde,
Sie trennen mich – und richten mich zugrunde.

Nie war dem sonst Verhaltenen eine ähnliche Strophe entklungen. Der sich als Jüngling zu verbergen, als Mann zu enthalten wußte, der sonst fast immer nur in Spiegelbildern, Chiffren und Symbolen sein tiefstes Geheimnis verriet, hier offenbart er als Greis zum ersten Mal großartig frei sein Gefühl. Seit fünfzig Jahren war der fühlende Mensch, der große lyrische Dichter in ihm vielleicht nicht lebendiger als auf diesem unvergeßlichen Blatt, an diesem denkwürdigen Wendepunkt seines Lebens.

So geheimnisvoll, als eine seltene Gnade des Schicksals, hat auch Goethe selbst dieses Gedicht empfunden. Kaum nach Weimar heimgekehrt, ist es sein erstes, noch ehe er sich irgendeiner anderen Arbeit oder häuslichen Dingen zuwendet, eine kunstvolle Abschrift des Gedichtes eigenhändig zu kalligraphieren. Drei Tage schreibt er auf besonders gewähltem Papier mit großen, feierlichen Lettern, wie ein Mönch in seiner Zelle, das Gedicht nieder und birgt es selbst vor den nächsten Hausgenossen, auch vor dem vertrautesten, als Geheimnis. Selbst die Buchbinderarbeit fertigt er, damit geschwätzige Kunde sich nicht voreilig verbreite, und befestigt das Manuskript mit einer seidenen Schnur in einer Decke von rotem Maroquin (die er dann später durch einen blauen, wundervollen Leinwandband ersetzen ließ, der noch heute im Goethe- und Schiller-Archiv zu sehen ist). Die Tage sind ärgerlich und verdrießlich, sein Heiratsplan hat im Hause nur Hohn gefunden, den Sohn sogar zu Ausbrüchen offenen Hasses verleitet; nur in den eigenen dichterischen Worten kann er bei dem geliebten Wesen weilen. Erst als die schöne Polin, die Szymanowska, wieder zu Besuch kommt, erneuert sich das Gefühl der hellen Marienbader Tage und macht ihn mitteilsam. Am 27. Oktober endlich ruft er Eckermann zu sich herein, und schon an der besonderen Feierlichkeit, mit der er die Verlesung einleitet, verrät sichs, mit welcher besondern Liebe er an diesem Gedichte gehangen. Der Diener muß zwei Wachslichter auf den Schreibtisch stellen, dann erst wird Eckermann ersucht, vor den Lichtern Platz zu nehmen und die Elegie zu lesen. Nach und nach bekommen sie auch die anderen, aber nur die Vertrautesten, zu Gehör, denn Goethe hütet sie nach Eckermanns Worten ›wie ein Heiligtum‹. Daß sie besondere Bedeutung für sein Leben besitzt, zeigen schon die nächsten Monate. Dem gesteigerten Wohlbefinden des Verjüngten folgt bald ein Zusammenbruch. Wieder scheint er dem Tode nahe, schleppt sich vom Bett zum Lehnsessel, vom Lehnsessel zum Bett, ohne Ruhe zu finden; die Schwiegertochter ist auf Reisen, der Sohn voll Haß, niemand pflegt oder berät den verlassenen alten Kranken. Da kommt, offenbar von den Freunden gerufen, Zelter aus Berlin, der Vertrauteste seines Herzens, und erkennt sofort den inneren Brand. ›Was finde ich?‹ schreibt er erstaunt, ›einen, der aussieht, als hätte er die Liebe, die ganze Liebe mit Qualen der Jugend im Leibe.‹ Um ihn zu heilen, liest er ihm immer und immer wieder ›mit inniger Teilnahme‹ das eigene Gedicht vor, und Goethe wird nicht müde, es zu hören. ›Es war doch eigen,‹ schreibt er dann als Genesender, ›daß du mich durch dein gefühlvolles sanftes Organ mehrmals vernehmen ließest, was mir in einem Grade lieb ist, den ich mir selbst nicht gestehen mag.‹ Und schreibt dann weiter: ›Ich darf es nicht aus Händen geben, aber lebten wir zusammen, so müßtest du mirs so lange vorlesen und vorsingen, bis du's auswendig könntest.‹

So kommt, wie Zelter sagt, ›die Heilung vom Speer, der ihn verwundet hatte‹. Goethe rettet sich – man darf es wohl so sagen – durch dieses Gedicht. Endlich ist die Qual überwunden, die letzte tragische Hoffnung besiegt, der Traum auf ein gemeinsames eheliches Leben mit dem geliebten ›Töchterchen‹ zu Ende. Er weiß, er wird niemals mehr nach Marienbad, nach Karlsbad, nie mehr in die heitere Spielwelt der Sorglosen gehen, nunab gehört sein Leben allein noch der Arbeit. Dem Neubeginnen des Schicksals hat der Geprüfte entsagt, dafür tritt ein anderes großes Wort in seinen Lebenskreis, es heißt: vollenden. Ernst wendet er seinen Blick zurück auf ein Werk, das sechzig Jahre umspannt, sieht es zersplittert und verstreut und beschließt, da er nun nicht mehr bauen kann, wenigstens zu sammeln; der Kontrakt für die ›Gesammelten Werke‹ wird abgeschlossen, das Schutzrecht erworben. Noch einmal wirbt seine Liebe, die eben noch um ein neunzehnjähriges Mädchen geirrt, um die beiden ältesten Gefährten seiner Jugend, ›Wilhelm Meister‹ und ›Faust‹. Rüstig geht er zu Werke; aus vergilbten Blättern wird der Plan vergangenen Jahrhunderts erneuert. Ehe er achtzig ist, sind die ›Wanderjahre‹ vollendet, und heroischen Mutes tritt der Einundachtzigjährige an das ›Hauptgeschäft‹ seines Lebens, den ›Faust‹, den er sieben Jahre nach diesen tragischen Schicksalstagen vollendet und mit gleich ehrfürchtiger Pietät wie die Elegie noch mit Siegel und Geheimnis vor der Welt verschließt.

Zwischen diesen beiden Sphären des Gefühls, zwischen letztem Begehren und letztem Entsagen, zwischen Beginnen und Vollenden, steht als Scheitelpunkt, als unvergeßlicher Augenblick innerer Wende, dieser 5. September, der Abschied von Karlsbad, der Abschied von der Liebe, in Ewigkeit verwandelt durch erschütternde Klage. Wir dürfen ihn denkwürdig nennen, diesen Tag, und ehrfürchtig sein Gedächtnis nach einem Jahrhundert aufrufen, denn die deutsche Dichtung hat seitdem keine sinnlich großartigere Stunde gehabt als den Überstrom urmächtigsten Gefühles in dies mächtige Gedicht.

Die Entdeckung Eldorados

(J. A. SUTTER, KALIOFORNIEN, JANUAR 1848)

DER EUROPAMÜDE

1834. Ein Amerikadampfer steuert von Le Havre nach New York. Mitten unter den Desperados, einer unter Hunderten, Johann August Sutter, heimisch zu Rynenberg bei Basel, einunddreißig Jahre alt und höchst eilig, das Weltmeer zwischen sich und den europäischen Gerichten zu haben. Bankerotteur, Dieb, Wechselfälscher, hat er seine Frau und drei Kinder einfach im Stich gelassen, in Paris sich mit einem betrügerischen Ausweis etwas Geld verschafft und ist nun auf der Suche nach neuer Existenz. Am 7. Juli landet er in New York und treibt dort zwei Jahre lang alle möglichen und unmöglichen Geschäfte, wird Packer, Drogist, Zahnarzt, Arzneiverkäufer, Tavernenhälter. Schließlich, einigermaßen gesettlet, siedelte er sich in einem Wirtshaus an, verkauft es wieder und zieht, dem magischen Zug der Zeit folgend, nach Missouri. Dort wird er Landmann, schafft sich in kurzer Zeit ein kleines Eigentum und könnte ruhig leben. Aber immer hasten Menschen an seinem Hause vorbei, Pelzhändler, Jäger, Abenteurer und Soldaten, sie kommen vom Westen, sie ziehen nach Westen, und dieses Wort Westen bekommt allmählich einen magischen Klang. Zuerst, so weiß man, sind Steppen, Steppen mit ungeheuren Büffelherden, tageweit, wochenweit menschenleer, nur durchjagt von den Rothäuten, dann kommen Gebirge, hoch, unerstiegen, dann endlich jenes andere Land, von dem niemand Genaues weiß und dessen sagenhafter Reichtum gerühmt wird, Kalifornien, das noch unerforschte. Ein Land, wo Milch und Honig fließt, frei jedem, der es nehmen will, – nur weit, unendlich weit und lebensgefährlich zu erreichen.

Aber Johann August Sutter hat Abenteurerblut, ihn lockt es nicht, still zu sitzen und seinen guten Grund zu bebauen. Eines Tages, im Jahre 1837, verkaufte er sein Hab und Gut, rüstet eine Expedition mit Wagen und Pferden und Büffelherden aus und zieht vom Fort Independence ins Unbekannte.

DER MARSCH NACH KALIFORNIEN

1838. Zwei Offiziere, fünf Missionare, drei Frauen ziehen aus in Büffelwagen ins unendliche Leere. Durch Steppen und Steppen, schließlich über die Berge, dem Pazifischen Ozean entgegen. Drei Monate lang reisen sie, um Ende Oktober in Fort Van Couver anzukommen. Die beiden Offiziere haben ihn schon vorher verlassen, die Missionare gehen nicht weiter, die drei Frauen sind unterwegs an den Entbehrungen gestorben.

Sutter ist allein, vergebens sucht man ihn zurückzuhalten in Van Couver, bietet ihm eine Stellung an, – er weist alles zurück, die Lockung des magischen Namens sitzt ihm im Blut. Mit einem erbärmlichen Segler durchkreuzt er den Pazifik zuerst zu den Sandwichinseln und landet, nach unendlichen Schwierigkeiten an den Küsten von Alaska vorbei, an einem verlassenen Platz, namens San Francisco. San Francisco, – nicht die Stadt von heute, nach dem Erdbeben mit verdoppeltem Wachstum zu Millionenzahlen emporgeschossen, nein, nur ein erbärmliches Fischerdorf, so nach der Mission der Franziskaner genannt, nicht einmal Hauptstadt jener unbekannten mexikanischen Provinz Kalifornien, die verwahrlost, ohne Zucht und Blüte in der üppigsten Zone des neuen Kontinents brach liegt.

Spanische Unordnung, gesteigert durch Abwesenheit jeder Autorität, Revolten, Mangel an Arbeitstieren und Menschen, Mangel an zupackender Energie. Sutter mietet ein Pferd, treibt es hinab in das fruchtbare Tal des Sacramento: ein Tag genügt, ihm zu zeigen, daß hier nicht nur Platz ist für eine Farm, für ein großes Gut, sondern Raum für ein Königreich. Am nächsten Tag reitet er nach Monte Rey, in die klägliche Hauptstadt, stellt sich dem Gouverneur Alverado vor, erklärt ihm seine Absicht, das Land urbar zu machen. Er hat Kanaken mitgebracht von den Inseln, will regelmäßig diese fleißigen und arbeitsamen Farbigen von den Inseln sich nachkommen lassen und macht sich anheischig, Ansiedlungen zu bauen und ein kleines Reich, eine Kolonie, Neu-Helvetien, zu gründen.

»Warum Neu-Helvetien?« fragt der Gouverneur.

»Ich bin Schweizer und Republikaner«, antwortet Sutter.

»Gut, tun Sie, was Sie wollen, ich gebe Ihnen eine Konzession auf zehn Jahre.«

Man sieht: Geschäfte werden dort rasch abgeschlossen. Tausend Meilen von jeder Zivilisation hat Energie eines einzelnen Menschen einen anderen Preis als zu Hause.

NEU-HELVETIEN

1839. Eine Karawane karrt langsam längs der Ufer des Sacramento hinauf. Voran Sutter zu Pferd, das Gewehr umgeschnallt, hinter ihm zwei, drei Europäer, dann hundertfünfzig Kanaken in kurzem Hemd, dann dreißig Büffelwagen mit Lebensmitteln, Samen und Munition, fünfzig Pferde, fünfundsiebzig Maulesel, Kühe und Schafe, dann eine kurze Nachhut – das ist die ganze Armee, die sich Neu-Helvetien erobern will.

Vor ihnen rollt eine gigantische Feuerwoge. Sie zündet die Wälder an, bequemere Methode, als sie auszuroden. Und kaum daß die riesige Lohe über das Land gerannt ist, noch auf den rauchenden Baumstrünken, beginnen sie ihre Arbeit. Magazine werden gebaut, Brunnen gegraben, der Boden, der keiner Pflügung bedarf, besät, Hürden geschaffen für die unendlichen Herden; allmählich strömt von den Nachbarorten Zuwachs aus den verlassenen Missionskolonien.

Der Erfolg ist gigantisch. Die Saaten tragen sofort fünfhundert Prozent. Die Scheuern bersten, bald zählen die Herden nach Tausenden, und ungeachtet der fortwährenden Schwierigkeiten im Lande, der Expeditionen gegen die Eingeborenen, die immer wieder Einbrüche in die aufblühende Kolonie wagen, entfaltet sich Neu-Helvetien zu tropisch gigantischer Größe. Kanäle, Mühlen und Faktoreien werden geschaffen, auf den Flüssen fahren Schiffe stromauf und stromab, Sutter versorgt nicht nur Van Couver und die Sandwichinseln, sondern auch alle Segler, die in Kalifornien anlegen, er pflanzt Obst, das heute so berühmte und vielbewunderte Obst Kaliforniens. Sieh da! es gedeiht, und so läßt er

Weinreben kommen von Frankreich und vom Rhein, und nach wenigen Jahren bedecken sie weite Gelände. Sich selbst baut er Häuser und üppige Farmen, läßt ein Klavier von Pleyel hundertachtzig Tagesreisen weit aus Paris kommen und eine Dampfmaschine mit sechzig Büffeln von New York her über den ganzen Kontinent. Er hat Kredite und Guthaben bei den größten Bankhäusern Englands und Frankreichs, und nun, fünfundvierzig Jahre alt, auf der Höhe seines Triumphes, erinnert er sich, vor vierzehn Jahren eine Frau und drei Kinder irgendwo in der Welt gelassen zu haben. Er schreibt ihnen und ladet sie zu sich, in sein Fürstentum. Denn jetzt fühlt er die Fülle in den Fäusten, er ist Herr von Neu-Helvetien, einer der reichsten Männer der Welt und wird es bleiben. Endlich reißen auch die Vereinigten Staaten die verwahrloste Kolonie aus Mexikos Händen. Nun ist alles gesichert und geborgen. Ein paar Jahre noch, und Sutter ist der reichste Mann der Welt.

DER VERHÄNGNISVOLLE SPATENSTICH

1848, im Januar. Plötzlich kommt James W. Marshall, sein Schreiner, aufgeregt zu Johann August Sutter ins Haus gestürzt, er müsse ihn unbedingt sprechen. Sutter ist erstaunt, er hat doch eben noch gestern Marshall hinaufgeschickt in seine Farm nach Coloma, dort ein neues Sägewerk anzulegen. Und nun ist der Mann ohne Erlaubnis zurückgekehrt, steht zitternd vor Aufregung vor ihm, drängt ihn in sein Zimmer, schließt die Tür ab und zieht aus der Tasche eine Handvoll Sand mit ein paar gelben Körnern darin. Gestern beim Graben sei ihm dieses sonderbare Metall aufgefallen, er glaube, es sei Gold, aber die anderen hätten ihn ausgelacht. Sutter wird ernst, nimmt die Körner, macht die Scheideprobe: es ist Gold. Er entschließt sich, sofort am nächsten Tage mit Marshall zur Farm hinaufzureiten, aber der Zimmermeister ist als erster von dem furchtbaren Fieber ergriffen, das bald die Welt durchschütteln wird: noch in der Nacht, mitten im Sturm reitet er zurück, ungeduldig nach Gewißheit.

Am nächsten Morgen ist Colonel Sutter in Coloma, sie dämmen den Kanal ab und untersuchen den Sand. Man braucht nur ein Sieb zu nehmen, ein wenig hin und her zu schütteln, und die Goldkörner bleiben blank auf dem schwarzen Geflecht. Sutter versammelt die paar weißen Leute um sich, nimmt ihnen das Ehrenwort ab, zu schweigen, bis das Sägewerk vollendet sei, dann reitet er ernst und entschlossen wieder zu seiner Farm zurück. Ungeheure Gedanken bewegen ihn: Soweit man sinnen kann, ist niemals das Gold so leicht faßbar, so offen in der Erde gelegen, und diese Erde ist sein, ist Sutters Eigentum. Ein Jahrzehnt scheint übersprungen in einer Nacht: Er ist der reichste Mann der Welt.

DER RUSH

Der reichste Mann? Nein, – der ärmste, der jämmerlichste, der enttäuschteste Bettler dieser Erde. Nach acht Tagen ist das Geheimnis verraten, eine Frau – immer eine Frau! – hat es irgendeinem Vorübergehenden erzählt und ihm ein paar Goldkörner gegeben. Und was nun geschieht, ist ohne Beispiel. Sofort lassen alle Männer Sutters ihre Arbeit, die Schlosser laufen von der Schmiede, die Schäfer von den Herden, die Weinbauer von den Reben, die Soldaten lassen ihre Gewehre, alles ist wie besessen und rennt mit rasch geholten Sieben und Kasserollen hin zum Sägewerk, Gold aus dem Sand zu schütteln. Über Nacht ist das ganze Land verlassen, die Milchkühe brüllen, die niemand melkt, und verrecken, die Büffelherden zerreißen ihre Hürden, stampfen hinein in die Felder, wo die Frucht am Halme verfault, die Käsereien stehen still, die Scheunen stürzen ein, das ungeheure Räderwerk des gigantischen Betriebes steht still. Telegraphen sprühen die goldene Verheißung über Länder und Meere. Und schon kommen die Leute herauf von den Städten, von den Häfen, Matrosen verlassen ihre Schiffe, die Regierungsbeamten ihren Posten, in langen, unendlichen Kolonnen zieht es von Osten, von Westen, zu Fuß, zu Pferd und zu Wagen heran, der Rush, der menschliche Heuschreckenschwarm, die Goldgräber. Eine zügellose, brutale Horde, die kein Gesetz kennt als das der Faust, kein Gebot als das ihres Revolvers, ergießt sich über die blühende Kolonie. Alles ist für sie herrenlos, niemand wagt diesen Desperados entgegenzutreten.

Sie schlachten Sutters Kühe, sie reißen seine Scheuern ein, um sich Häuser zu bauen, sie zerstampfen seine Äcker, sie stehlen seine Maschinen, – über Nacht ist Johann August Sutter bettelarm geworden, wie König Midas, erstickt im eigenen Gold.

Und immer gewaltiger wird dieser beispiellose Sturm nach Gold; die Nachricht ist in die Welt gedrungen, von New York allein gehen hundert Schiffe ab, aus Deutschland, aus England, aus Frankreich, aus Spanien kommen 1848, 1849, 1850, 1851 ungeheure Abenteurerhorden herübergezogen.

Einige fahren um das Kap Horn, den Ungeduldigsten zu lang, so wählen sie den gefährlicheren Weg über das Land, über den Isthmus von Panama. Eine rasch entschlossene Kompanie baut rasch am Isthmus eine Eisenbahn, bei der Tausende Arbeiter im Fieber zugrunde gehen, nur damit für die Ungeduldigen drei bis vier Wochen erspart würden und sie früher zum Gold gelangen. Quer über den Kontinent ziehen riesige Karawanen, Menschen aller Rassen und Sprachen, und alle wühlen sie in Johann August Sutters Eigentum wie auf eigenem Grunde. Auf der Erde von San Francisco, die ihm durch besiegelten Akt der Regierung zugehört, wächst in traumhafter Geschwindigkeit eine Stadt, fremde Menschen verkaufen sich gegenseitig seinen Grund und Boden, und der Name Neu-Helvetien, sein Reich, verschwindet hinter dem magischen Wort: Eldorado, Kalifornien.

Johann August Sutter, noch einmal bankerott, starrt wie gelähmt auf diese gigantische Drachensaat. Zuerst versucht er mitzugraben und selbst mit seinen Dienern und Gefährten den Reichtum auszunützen, aber alle verlassen ihn. So zieht er sich ganz aus dem Golddistrikt zurück, in eine abgesonderte Farm, nahe dem Gebirge, weg von dem verfluchten Fluß und dem unheiligen Sand, in seine Farm Eremitage. Dort erreicht ihn endlich seine Frau mit den drei herangewachsenen Kindern, aber kaum angelangt, stirbt sie von der Erschöpfung der Reise. Doch drei Söhne sind jetzt da, acht Arme, und mit ihnen beginnt Johann August Sutter die Landwirtschaft; noch einmal, nun mit seinen drei Söhnen, arbeitet er sich empor, still, zäh, und nützt die phantastische Fruchtbarkeit dieser Erde. Noch einmal birgt und verbirgt er einen großen Plan.

DER PROZESS

1850 Kalifornien ist in die Union der Vereinigten Staaten aufgenommen worden. Unter ihrer strengen Zucht kommt nach dem Reichtum endlich Ordnung in das goldbesessene Land. Die Anarchie ist gebändigt, das Gesetz gewinnt wieder sein Recht.
Und nun tritt Johann August Sutter plötzlich vor mit seinen Ansprüchen. Der ganze Boden, so heischt er, auf dem die Stadt San Francisco gebaut ist, gehört ihm nach Fug und Recht. Der Staat ist verpflichtet, den Schaden, den er durch Diebstahl seines Eigentums erlitten, gutzumachen, an allem aus seiner Erde gefördertem Gold beansprucht er sein Teil. Ein Prozeß beginnt, in Dimensionen, wie sie die Menschheit vor ihm nie gekannt. Johann August Sutter verklagt 17 221 Farmer, die sich in seinen Pflanzungen angesiedelt haben, und fordert sie auf, den gestohlenen Grund zu räumen, er verlangt 25 Millionen Dollar vom Staate Kalifornien dafür, daß er sich die von ihm gebauten Wege, Kanäle, Brükken, Stauwerke, Mühlen einfach angeeignet habe, er verlangt von der Union 25 Millionen Dollar als Schadenersatz für zerstörtes Gut und außerdem noch seinen Anteil am geförderten Gold. Er hat seinen ältesten Sohn, Emil, in Washington die Rechte studieren lassen, um den Prozeß zu führen, und verwendet die ungeheuren Einnahmen aus seinen neuen Farmen einzig dazu, diesen kostspieligen Prozeß zu nähren. Vier Jahre lang treibt er ihn durch alle Instanzen.
Am 15. März 1855 wird endlich das Urteil gefällt. Der unbestechliche Richter Thompson, der höchste Beamte Kalifor-

niens, erkennt die Rechte Johann August Sutters auf den Boden als vollkommen berechtigt und unantastbar an.

An diesem Tage ist Johann August Sutter am Ziel. Er ist der reichste Mann der Welt.

DAS ENDE

Der reichste Mann der Welt? Nein, abermals nein, der ärmste Bettler, der unglücklichste, geschlagenste Mann. Wieder führt das Schicksal wider ihn einen jener mörderischen Streiche, nun aber einen, der ihn für immer zu Boden streckt. Auf die Nachricht von dem Urteil bricht ein Sturm in San Francisco und im ganzen Lande los. Zehntausende rotten sich zusammen, alle die bedrohten Eigentümer, der Mob der Straße, das immer plünderungsfrohe Gesindel, sie stürmen den Justizpalast und brennen ihn nieder, sie suchen den Richter, um ihn zu lynchen, und sie machen sich auf, eine ungeheure Schar, um den ganzen Besitz Johann August Sutters zu plündern. Sein ältester Sohn erschießt sich, von den Banditen bedrängt, der zweite wird ermordet, der dritte flieht und ertrinkt auf der Heimkehr. Eine Feuerwoge fährt über Neu-Helvetien hin, Sutters Farmen werden niedergebrannt, seine Weinstöcke zertreten, sein Mobiliar, seine Sammlungen, sein Geld geraubt und mit erbarmungsloser Wut der ungeheure Besitz zur Wüstenei gemacht. Sutter selbst rettet sich mit knapper Not.

Von diesem Schlage hat sich Johann August Sutter nie mehr erholt. Sein Werk ist vernichtet, seine Frau, seine Kinder tot, sein Geist verwirrt: nur eine Idee flackert noch wirr in dem dumpf gewordenen Gehirn: das Recht, der Prozeß.

Fünfundzwanzig Jahre irrt dann noch ein alter, geistesschwacher, schlecht gekleideter Mann in Washington um den Justizpalast. In allen Bureaus kennt man dort den ›General‹ im schmutzigen Überrock und mit den zerfetzten Schuhen, der seine Milliarden fordert. Und immer wieder finden sich Advokaten, Abenteurer und Filous, die ihm das letzte seiner Pension entlocken und ihn neuerdings zum Prozesse treiben. Er selbst will kein Geld, er haßt das Gold, das ihn arm gemacht, das ihm drei Kinder ermordet, das sein Leben zerstört. Er will nur sein Recht und verficht es mit der querulantischen Erbitterung des Monomanen. Er reklamiert beim Senat, er reklamiert beim Kongreß, er vertraut sich allerlei Helfern an, die, mit Pomp dann die Affäre aufzäumend, ihm eine lächerliche Generalsuniform anziehen und den Unglücklichen als Popanz von Amt zu Amt, von Abgeordneten zu Abgeordneten schleppen. Das geht zwanzig Jahre lang, von 1860 bis 1880, zwanzig erbärmliche Bettlerjahre. Tag um Tag umlagert er den Kongreßpalast, Spott aller Beamten, Spiel aller Gassenjungen, er, dem das reichste Land der Erde gehört und auf dessen Grund und Boden die zweite Hauptstadt des Riesenreiches steht und stündlich wächst. Aber man läßt den Unbequemen warten. Und dort, auf der Treppe des Kongreßpalastes, trifft ihn endlich am 17. Juli 1880 am Nachmittag der erlösende Herzschlag – man trägt einen toten Bettler weg. Einen toten Bettler, aber einen mit einer Streitschrift in der Tasche, die ihm und seinen Erben nach allen irdischen Rechten den Anspruch auf das größte Vermögen der Weltgeschichte sichert.
Niemand hat Sutters Erbe bislang angesprochen, kein Nachfahr hat seinen Anspruch angefordert. Noch immer steht San

Francisco, steht ein ganzes Land auf fremdem Boden. Noch immer ist hier nicht Recht gesprochen, und nur ein Künstler, Blaise Cendrars, hat dem vergessenen Johann August Sutter wenigstens das einzige Recht großen Schicksals gegeben, das Recht auf staunendes Gedenken der Nachwelt.

Heroischer Augenblick

(DOSTOJEWSKI, PETESBURG, SEMENOWSKPLATZ,
22. DEZEMBER 1849)

Nachts haben sie ihn aus dem Schlaf gerissen,
Säbel durchklirren die Kasematte,
Stimmen befehlen: im Ungewissen
Zucken gespenstisch drohende Schatten.
Sie stoßen ihn vorwärts, tief gähnt ein Gang,
Lang und dunkel, dunkel und lang.
Ein Riegel kreischt, eine Türe klirrt;
Dann spürt er Himmel und eisige Luft,
Und ein Karren harrt, eine rollende Gruft,
In die er eilig gestoßen wird.

Neben ihm, hart in Eisen geschlossen,
Schweigend und mit verblaßtem Gesicht
Die neun Genossen;
Keiner spricht,
Denn jeder spürt,
Wohin der Karren ihn vorwärts führt
Und daß dies unten rollende Rad
Ihr Leben zwischen den Speichen hat.

Da hält
Der ratternde Karren, die Türe knarrt:
Durch das geöffnete Gitter starrt
Sie ein dunkles Stück Welt
Mit trüb-verschlafenem Blicke an.
Ein Häuserkarree,
Die Dächer niedrig und schmutzig bereift,
Umschließt einen Platz voll Dunkel und Schnee.

Nebel umfloren mit grauem Tuch
Das Hochgericht,
Und nur um die goldene Kirche streift
Der Morgen mit frostig blutendem Licht.

Schweigend treten sie alle an.
Ein Leutnant liest ihren Urteilsspruch:
Tod für Verrat durch Pulver und Blei.
Tod!
Das Wort fällt wie ein wuchtiger Stein
In den frostigen Spiegel der Stille hinein,
Es klingt
Hart, als schlüge etwas entzwei,
Dann sinkt
Der leere Schall ins lautlose Grab
Der eisigen Morgenstille hinab.

Wie ein Traum
Fühlt er alles mit sich geschehen
Und weiß nur, daß er jetzt sterben muß.
Einer tritt vor und wirft ihm stumm

Ein weißes, wallendes Sterbehemd um.
Ein letztes Wort grüßt die Gefährten,
Und heißen Blicks,
Mit stummem Schrei,
Küßt er den Heiland am Kruzifix,
Den der Pope ihm ernst und mahnend hinbietet;
Dann werden
Sie alle zehn, je drei und drei,
Mit Stricken an ihre Pfähle genietet.

Schon
Kommt ein Kosake eilig heran,
Die Augen ihm vor dem Gewehr zu verbinden.
Da greift – er weiß es: zum letzten Male! –
Der Blick vor seinem großen Erblinden
Gierig nach jenem kleinen Stück Welt,
Das der Himmel ihm drüben entgegenhält:
Im Frühschein sieht er die Kirche lohn:
Wie zum letzten seligen Abendmahle
Glüht ihre Schale,
Gefüllt mit heiligem Morgenrot.
Und er greift nach ihr mit plötzlichem Glück
Wie nach Gottes Leben hinter dem Tod . . .

Da schnüren sie ihm die Nacht um den Blick.

Aber innen
Beginnt das Blut nun farbig zu rinnen.
In spiegelnder Flut
Steigt aus dem Blut

Gestaltetes Leben,
Und er fühlt,
Daß diese Sekunde, die todgeweihte,
Alle verlornen Vergangenheiten
Wieder durch seine Seele spült:
Sein ganzes Leben wird wieder wach
Und geistert in Bildern durch seine Brust;
Die Kindheit, bleich, verloren und grau,
Vater und Mutter, der Bruder, die Frau,
Drei Brocken Freundschaft, zwei Becher Lust,
Einen Traum von Ruhm, ein Bündel Schmach;

Und feurig rollt der bildernde Drang
Verlorene Jugend die Adern entlang,
Sein ganzes Sein fühlt er nochmals tiefinnen
Bis zur Sekunde,
Da sie ihn an den Pfahl gebunden.
Dann wirft ein Besinnen,
Schwarz und schwer
Seinen Schatten über die Seele her.

Und da
Spürt er, wie einer auf ihn zutritt,
Spürt einen schwarzen, schweigenden Schritt,
Nah, ganz nah,
Und wie er die Hand ihm aufs Herz hinlegt,
Daß es schwächer ... und schwächer ... und gar
                                 nicht mehr schlägt –
Noch eine Minute – – dann ist es vorbei.

Die Kosaken
Formen sich drüben zur funkelnden Reih ...
Die Riemen schwingen ... die Hähne knacken ...
Trommeln rasseln die Luft entzwei.
Die Sekunde macht Jahrtausende alt.

Da ein Schrei:
Halt!
Der Offizier
Tritt vor, weiß flackt ein Papier,
Seine Stimme schneidet hell und klar
In die harrende Stille:
Der Zar
Hat in der Gnade seines heiligen Willens
Das Urteil kassiert,
Das in mildere Strafe verwandelt wird.

Die Worte klingen
Noch fremd: er kann ihren Sinn nicht erdenken,
Aber das Blut
In seinen Adern wird wieder rot,
Steigt auf und beginnt ganz leise zu singen.
Der Tod
Kriecht zögernd aus den erstarrten Gelenken,
Und die Augen spüren, noch schwarz verhängt,
Daß sie Gruß vom ewigen Lichte umfängt.

Der Profos
Schnürt ihm schweigend die Stricke los,
Zwei Hände schälen die weiße Binde

Wie eine rissige Birkenrinde
Von seinen brennenden Schläfen ab.
Taumelnd entsteigen die Augen dem Grab
Und tasten linkisch, geblendet und schwach
In das schon abgeschworene Sein
Wieder hinein.

Und da sieht
Er das gleiche goldene Kirchendach,
Das nun im steigenden Frührotschein
Mystisch erglüht.
Die reifen Rosen der Morgenröte
Umschlingen es wie mit frommen Gebeten,
Der glitzernde Knauf
Deutet mit seiner gekreuzigten Hand,
Ein heiliges Schwert, hoch in den Rand
Der freudig errötenden Wolken hinauf.
Und dort, aufrauschend in Morgenhelle,
Wächst über die Kirche der Gottesdom.
Ein Strom
Von Licht wirft seine glühende Welle
In alle klingenden Himmel empor.
Die Nebelschwaden
Steigen qualmend, wie mit der Last
Allen irdischen Dunkels beladen,
In den göttlichen Morgenglast,
Und Tönen schwillt empor aus den Tiefen,
Als riefen
Tausend Stimmen in einem Chor.
Und da hört er zum ersten Mal,

Wie die ganze irdische Qual
Ihr brennendes Leid
Brünstig über die Erde hinschreit.
Er hört die Stimmen der Kleinen und Schwachen,
Der Frauen, die sich vergebens verschenkten,
Der Dirnen, die sich selber verlachen,
Den finstern Groll der immer Gekränkten,
Die Einsamen, die kein Lächeln berührte,
Er hört die Kinder, die schluchzenden, klagen
Und die schreiende Ohnmacht der heimlich Verführten,
Er hört sie alle, die die Leiden tragen,
Die Ausgesetzten, die Dumpfen, Verhöhnten,
Die ungekrönten
Märtyrer aller Gassen und Tage,
Er hört ihre Stimme und hört, wie sie
In einer urmächtigen Melodie
Sich in die offenen Himmel erheben.
Und er sieht,
Daß einzig das Leiden zu Gott aufschwebt,
Indes die andern das schwere Leben
Mit bleiernem Glück an die Erde klebt.

Aber endlos weitet sich oben das Licht
Unter dem Schwalle
Der steigenden Chöre
Von irdischem Leid;
Und er weiß, sie alle, sie alle
Wird Gott erhören,
Seine Himmel klingen Barmherzigkeit!
Über die Armen

Hält Gott nicht Gericht,
Unendlich Erbarmen
Durchflammt seine Hallen mit ewigem Licht.
Die Apokalyptischen Reiter entstieben,
Leiden wird Lust, und Glück wird zur Qual
Für den, der im Tode das Leben erlebt.
Und schon schwebt
Ein feuriger Engel bodenwärts
Und bohrt ihm den Strahl
Der heiligen, schmerzgeborenen Liebe
Tief und strahlend ins schauernde Herz.

Da bricht
Er ins Knie wie gefällt.
Er fühlt mit einmal die ganze Welt
Wahr und in ihrem unendlichen Leid.
Sein Körper bebt,
Weißer Schaum umspült seine Zähne,
Krampf hat seine Züge entstellt,
Doch Tränen
Tränken selig sein Sterbekleid.
Denn er fühlt, daß, erst seit
Er die bittern Lippen des Todes berührt,
Sein Herz die Süße des Lebens spürt.
Seine Seele glüht nach Martern und Wunden.
Und ihm wird klar,
Daß er in dieser einen Sekunde
Jener Andere war,
Der vor tausend Jahren am Kreuze stand,
Und daß er, wie Er,

Seit jenem brennenden Todeskuß
Um des Leidens das Leben lieb haben muß.

Soldaten reißen ihn weg vom Pfahl.
Fahl
Und wie verloschen ist sein Gesicht.
Schroff
Stoßen sie ihn in den Zug zurück.
Sein Blick
Ist fremd und ganz nach innen gesenkt,
Und um seine zuckenden Lippen hängt
Das gelbe Lachen der Karamasoff.

Der Kampf um den Südpol

(KAPITÄN SCOTT, 90. BREITENGRAD, 16. JANUAR 1912)

DER KAMPF UM DIE ERDE

Das zwanzigste Jahrhundert blickt nieder auf geheimnislose Welt. Alle Länder sind erforscht, die fernsten Meere zerpflügt. Landschaften, die vor einem Menschenalter noch selig frei im Namenlosen dämmerten, dienen schon knechtisch Europas Bedarf, bis zu den Quellen des Nils, den langgesuchten, streben die Dampfer; die Viktoriafälle, erst vor einem halben Jahrhundert vom ersten Europäer erschaut, mahlen gehorsam elektrische Kraft, die letzte Wildnis, die Wälder des Amazonenstromes, ist gelichtet, der Gürtel des einzig jungfräulichen Landes, Tibets, gesprengt. Das Wort ›Terra incognita‹ der alten Landkarten und Weltkugeln ist von wissenden Händen überzeichnet, der Mensch des zwanzigsten Jahrhunderts kennt seinen Lebensstern. Schon sucht sich der forschende Wille neue Bahn, hinab zur phantastischen Fauna der Tiefsee muß er steigen oder empor in die unendliche Luft. Denn unbetretene Bahn ist nur mehr im Himmel zu finden, und schon schießen im Wettlauf die stählernen Schwalben der Aeroplane empor, neue Höhen und neue Fernen zu erreichen, seit die Erde der irdischen Neugier brach ward und geheimnislos.

Aber ein letztes Rätsel hat ihre Scham noch vor dem Menschenblick bis in unser Jahrhundert geborgen, zwei winzige Stellen ihres zerfleischten und gemarterten Körpers gerettet vor der Gier ihrer eigenen Geschöpfe. Südpol und Nordpol, das Rückgrat ihres Leibes, diese beiden fast wesenlosen, unsinnlichen Punkte, um die ihre Achse seit Jahrtausenden schwingt, sie hat die Erde sich rein gehütet und unentweiht. Barren von Eis hat sie vor dieses letzte Geheimnis geschoben, einen ewigen Winter als Wächter den Gierigen entgegengestellt. Frost und Sturm halten herrisch den Zugang ummauert, Grauen und Gefahr scheuchen mit Todesdrohung den Kühnen. Flüchtig nur darf selbst die Sonne diese verschlossene Sphäre schauen und niemals ein Menschenblick.

Seit Jahrzehnten folgen sich die Expeditionen. Keine erreicht das Ziel. Irgendwo, noch unentdeckt, ruht im gläsernen Sarge des Eises die Leiche des Kühnsten der Kühnen, Andrées, der im Ballon den Pol überfliegen wollte und niemals wiederkam. Jeder Ansturm zerschellte an den blanken Wällen des Frostes. Seit Jahrtausenden bis in unsern Tag verhüllt hier die Erde ihr Antlitz, zum letzten Mal siegreich gegen die Leidenschaft ihrer Geschöpfe. Jungfräulich und rein trotzt ihre Scham der Neugier der Welt.

Aber das junge zwanzigste Jahrhundert reckt ungeduldig seine Hände. Es hat neue Waffen geschmiedet in Laboratorien, neue Panzer gefunden gegen die Gefahr, und alle Widerstände mehren nur seine Gier. Es will alle Wahrheit wissen, sein erstes Jahrzehnt schon will erobern, was alle Jahrtausende vor ihm nicht zu erreichen vermochten. Dem Mut des einzelnen gesellt sich die Rivalität der Nationen. Nicht um den Pol allein kämpfen sie mehr, auch um die

Flagge, die zuerst über dem Neuland wehen soll: Ein Kreuzzug der Rassen und Völker hebt an um die durch Sehnsucht geheiligte Stätte. Von allen Erdteilen erneut sich der Ansturm. Ungeduldig harrt schon die Menschheit, sie weiß, es gilt das letzte Geheimnis unseres Lebensraumes. Von Amerika rüsten Peary und Cook gegen den Nordpol, nach Süden steuern zwei Schiffe: das eine befehligt der Norweger Amundsen – das andere ein Engländer, der Kapitän Scott.

SCOTT

Scott: irgendein Kapitän der englischen Marine. Irgendeiner. Seine Biographie identisch mit der Rangliste. Er hat gedient zur Zufriedenheit seiner Vorgesetzten, hat später an Shackletons Expedition teilgenommen. Keine sonderliche Konduite deutet den Helden an, den Heros. Sein Gesicht, rückgespiegelt von der Fotografie, das von tausend Engländern, von zehntausend, kalt, energisch, ohne Muskelspiel, gleichsam hartgefroren von verinnerlichter Energie. Stahlgrau die Augen, starr geschlossen der Mund. Nirgends eine romantische Linie, nirgends ein Glanz von Heiterkeit in diesem Antlitz aus Willen und praktischem Weltsinn. Seine Schrift: irgendeine englische Schrift, ohne Schatten und Schnörkel, rasch und sicher. Sein Stil: klar und korrekt, packend in den Tatsächlichkeiten und doch phantasielos wie ein Rapport. Scott schreibt Englisch wie Tacitus Latein, gleichsam in unbehauenen Quadern. Man spürt einen völlig traumlosen Menschen, einen Fanatiker der Sachlichkeit, einen echten Menschen also der englischen Rasse, bei der selbst Genialität sich in die kristallene Form der gesteigerten

Pflichterfüllung preßt. Dieser Scott war schon hundertmal in der englischen Geschichte, er hat Indien erobert und namenlose Inseln im Archipel, er hat Afrika kolonisiert und die Schlachten gegen die Welt geschlagen, immer mit der gleichen ehernen Energie, dem gleichen kollektiven Bewußtsein und dem gleichen kalten verhaltenen Gesicht.
Stahlhart aber dieser Wille: das spürt man schon vor der Tat. Scott will vollenden, was Shackleton begonnen. Er rüstet eine Expedition, aber die Mittel reichen nicht aus. Das hindert ihn nicht. Er opfert sein Vermögen und macht Schulden in der Sicherheit des Gelingens. Seine junge Frau schenkt ihm einen Sohn – er zögert nicht, ein anderer Hektor, Andromachen zu verlassen. Freunde und Gefährten sind bald gefunden, nichts Irdisches kann den Willen mehr beugen. ›Terra Nova‹ heißt das seltsame Schiff, das sie bis an den Rand des Eismeeres bringen soll. Seltsam, weil so zwiefach in seiner Ausrüstung, halb Arche Noah, voll lebenden Getiers, und dann wieder modernes Laboratorium mit tausend Instrumenten und Büchern. Denn alles muß mitgebracht werden, was der Mensch für die Notdurft des Körpers und Geistes bedarf, in diese leere unbewohnte Welt, sonderbar gattet sich hier das primitive Wehrzeug des Urmenschen, Felle und Pelze, lebendiges Getier, dem letzten Raffinement des neuzeitlich raffinierten Rüstzeuges. Und phantastisch wie dies Schiff auch das Doppelantlitz der ganzen Unternehmung: ein Abenteuer, aber doch eins, das kalkuliert ist wie ein Geschäft, eine Verwegenheit mit allen Künsten der Vorsicht – eine Unendlichkeit von genauer einzelner Berechnung gegen die noch stärkere Unendlichkeit des Zufalls.
Am 1. Juni 1910 verlassen sie England. In diesen Tagen

leuchtet das angelsächsische Land. Saftig und grün blühen die Wiesen, warm liegt und glänzend die Sonne über der nebellosen Welt. Erschüttert fühlen sie die Küste fortschwinden, wissen sie doch alle, alle, daß sie Wärme und Sonne Abschied sagen auf Jahre, manche vielleicht für immer. Aber dem Schiff zu Haupte weht die englische Flagge, und sie trösten sich in dem Gedanken, daß ein Weltzeichen mitwandert zum einzig noch herrenlosen Strich der eroberten Erde.

UNIVERSITAS ANTARCTICA

Im Januar landen sie nach kurzer Rast in Neuseeland bei Kap Evans, am Rande des ewigen Eises und rüsten ein Haus zum Überwintern. Dezember und Januar heißen dort die Sommermonate, weil einzig im Jahre dort die Sonne ein paar Stunden des Tages auf dem weißen metallenen Himmel glänzt. Aus Holz sind die Wände gezimmert, ganz wie bei den früheren Expeditionen, aber innen spürt man den Fortschritt der Zeit. Während ihre Vorgänger damals noch mit stinkenden, schwelenden Tranlampen im Halbdunkel saßen, müde ihres eigenen Gesichts, ermattet von der Eintönigkeit der sonnenlosen Tage, haben diese Menschen des zwanzigsten Jahrhunderts die ganze Welt, die ganze Wissenschaft in Abbreviatur zwischen ihren vier Wänden. Eine Azetylenanlage spendet weißwarmes Licht, Kinematographen zaubern ihnen Bilder der Ferne, Projektionen tropischer Szenen aus linderen Landschaften vor, ein Pianola vermittelt Musik, das Grammophon die menschliche Stimme, die Bibliothek das Wissen ihrer Zeit. In einem Raum hämmert die Schreibmaschine, der zweite dient als Dunkelkammer, in der kinemato-

graphische und farbige Aufnahmen entwickelt werden. Der Geologe prüft das Gestein auf seine Radioaktivität, der Zoologe entdeckt neue Parasiten bei den gefangenen Pinguinen, meteorologische Observationen wechseln mit physikalischen Experimenten; jedem einzelnen ist Arbeit zugeteilt für die Monate der Dunkelheit, und ein kluges System verwandelt die isolierte Forschung in gemeinsame Belehrung. Denn diese zwanzig Menschen halten sich allabendlich Vorträge, Universitätskurse in Packeis und arktischem Frost, jeder sucht seine Wissenschaft dem andern zu vermitteln, und im regen Austausch des Gespräches rundet sich ihnen die Anschauung der Welt. Die Spezialisierung der Forschung gibt hier ihren Hochmut auf und sucht Verständigung in der Gemeinsamkeit. Inmitten einer elementaren Urwelt, ganz einsam im Zeitlosen tauschen da zwanzig Menschen die letzten Resultate des zwanzigsten Jahrhunderts miteinander, und hier innen spürt man nicht nur die Stunde, sondern die Sekunde der Weltuhr. Es ist rührend, zu lesen, wie diese ernsten Menschen dazwischen sich freuen können an ihrer Christbaumfeier, an den kleinen Späßen der ›South Polar Times‹, der Scherzzeitung, die sie herausgeben, wie das Kleine – ein Wal, der auftaucht, ein Pony, das stürzt – zum Erlebnis wird und anderseits das Ungeheure – das glühende Nordlicht, der entsetzliche Frost, die gigantische Einsamkeit – zum Alltäglichen und Gewohnten.
Dazwischen wagen sie kleine Vorstöße. Sie proben ihre Automobilschlitten, sie lernen Skilaufen und dressieren die Hunde. Sie rüsten ein Depot für die große Reise, aber langsam, ganz langsam blättert nur der Kalender ab bis zum Sommer (dem Dezember), der ihnen das Schiff durch das Packeis

bringt mit Briefen von Hause. Kleine Gruppen wagen schon auch jetzt inmitten des grimmigsten Winters abhärtende Tagesreisen, die Zelte werden geprobt, die Erfahrung befestigt. Nicht alles gelingt, aber gerade die Schwierigkeiten geben ihnen neuen Mut. Wenn sie zurückkommen von ihren Expeditionen, erfroren und abgemüdet, so empfängt sie Jubel und warmer Herdglanz, und dies kleine behagliche Haus im 77. Breitengrad scheint ihnen nach den Tagen der Entbehrung der seligste Aufenthalt der Welt.

Aber einmal kehrt eine Expedition von Westen zurück, und ihre Botschaft wirft Stille ins Haus. Sie haben auf ihrer Wanderung Amundsens Winterquartier entdeckt: mit einem Male weiß nun Scott, daß außer dem Frost und der Gefahr noch ein anderer ihm den Ruhm streitig macht, als erster das Geheimnis der störrischen Erde entrafft zu haben: Amundsen, der Norweger. Er mißt nach auf den Karten. Und man spürt sein Entsetzen aus den Zeilen nachschwingen, wie er gewahr wird, daß Amundsens Winterquartier um hundertzehn Kilometer näher zum Pole postiert ist als das seine. Er erschrickt, aber ohne darum zu verzagen. ›Auf zur Ehre meines Landes!‹ schreibt er stolz in sein Tagebuch.

Ein einziges Mal taucht dieser Name Amundsen in seinen Tagebuchblättern auf. Und dann nicht mehr. Aber man spürt: seit jenem Tage liegt ein Schatten von Angst über dem einsam umfrorenen Haus. Und es gibt nunab keine Stunde mehr, wo dieser Name nicht seinen Schlaf verängstigt und sein Wachen.

AUFBRUCH ZUM POL

Eine Meile von der Hütte, auf dem Beobachtungshügel, löst sich ständig eine Wache ab. Ein Apparat ist dort aufgerichtet, einsam auf steiler Erhebung, einer Kanone ähnlich gegen unsichtbaren Feind: ein Apparat, um die ersten Wärmeerscheinungen der nahenden Sonne zu messen. Tagelang harren sie auf ihr Erscheinen. Über den morgendlichen Himmel zaubern Reflexe schon glühende Farbenwunder hin, aber noch schwingt sich die runde Scheibe nicht bis zum Horizont empor. Doch dieser Himmel schon, erfüllt mit dem magischen Licht ihrer Nähe, dieser Vorspiegel von Widerschein, befeuert die Ungeduldigen. Endlich klingelt das Telefon von der Hüttenspitze herüber zu den Beglückten: die Sonne ist erschienen, zum ersten Mal seit Monaten hat sie für eine Stunde ihr Haupt erhoben in die winterliche Nacht. Ganz schwach ist ihr Schimmer, ganz bläßlich, kaum vermag er die eisige Luft zu beleben, kaum rühren ihre schwingenden Wellen in dem Apparat regere Zeichen an, doch der bloße Anblick erlöst schon Beglückung. Fieberhaft wird die Expedition gerüstet, um restlos die kurze Spanne Licht, die Frühling, Sommer und Herbst in einem bedeutet und für unsere lauen Lebensbegriffe noch immer ein grausamer Winter wäre, zu nützen. Voran sausen die Automobilschlitten. Hinter ihnen die Schlitten mit den sibirischen Ponys und Hunden. In einzelne Etappen ist der Weg vorsorglich aufgeteilt, jede zwei Tagesreisen wird ein Depot errichtet, um für die Rückkehrenden neue Bekleidung, Nahrung und das Wichtigste, Petroleum, zu bewahren, kondensierte Wärme im unendlichen Frost. Gemeinsam rückt die ganze Schar aus, um in einzelnen Gruppen allmählich zurückzukehren und so der letzten kleinen Gruppe, den erwählten Eroberern des Pols, das Maximum an Befrachtung, die frischesten Zugtiere und die besten Schlitten zu hinterlassen.

Meisterhaft ist der Plan gerüstet, selbst das Mißgeschick im einzelnen vorausgesehen. Und das bleibt nicht aus. Nach zwei Tagesreisen brechen die Motorschlitten nieder und bleiben liegen, ein unnützer Ballast. Auch die Ponys halten nicht so gut, als man erwarten konnte; aber hier triumphiert das organische über das technische Werkzeug, denn die Niedergebrochenen, die unterwegs erschossen werden müssen, geben den Hunden willkommene heiße, blutkräftige Nahrung und stärken ihre Energie.

Am 1. November 1911 brechen sie auf in einzelnen Trupps. Auf den Bildern sieht man die wundersame Karawane dieser erst dreißig, dann zwanzig, dann zehn und schließlich nur mehr fünf Menschen durch die weiße Wüste einer leblosen Urwelt wandern. Vorn immer ein Mann, eingemummt in Pelze und Tücher, ein wildbarbarisches Wesen, dem nur der Bart und die Augen frei aus der Umhüllung lugen. Die bepelzte Hand hält am Halfter ein Pony, das seinen schwerbeladenen Schlitten schleppt, und hinter ihm wieder ein anderer, in gleicher Kleidung und gleicher Haltung, und hinter ihm wieder einer, zwanzig schwarze Punkte in wandelnder Linie in einem unendlichen blendenden Weiß. Nachts wühlen sie sich in Zelte ein, Schneewälle werden gegraben in der Richtung des Windes, um die Ponys zu schützen, und morgens beginnt wieder der Marsch, eintönig und trostlos, durch die eisige Luft, die seit Jahrtausenden zum ersten Mal menschlichen Atem trinkt.

Aber die Sorgen mehren sich. Das Wetter bleibt unfreundlich, statt vierzig Kilometer können sie manchmal nur dreißig zurücklegen, und jeder Tag wird ihnen zur Kostbarkeit, seit sie wissen, daß unsichtbar in dieser Einsamkeit von einer anderen Seite ein anderer gegen das gleiche Ziel vorrückt. Jede Kleinigkeit schwillt hier zur Gefahr. Ein Hund ist entlaufen, ein Pony will nicht fressen, – all dies ist beängstigend, weil hier in der Öde die Werte so furchtbar sich verwandeln. Hier wird jedes Lebensding tausendwertig, ja unersetzlich sogar. An den vier Hufen eines einzelnen Ponys hängt vielleicht die Unsterblichkeit, ein verwölkter Himmel mit Sturm kann eine Tat für die Ewigkeit verhindern. Dabei beginnt der Gesundheitszustand der Mannschaft zu leiden, einige sind schneeblind geworden, anderen Gliedmaßen erfroren, immer matter werden die Ponys, denen man die Nahrung kürzen muß, und schließlich knapp vor dem Beardmoregletscher brechen sie zusammen. Die traurige Pflicht muß erfüllt werden, diese wackeren Tiere, die hier in der Einsamkeit und darum Gemeinsamkeit zweier Jahre zu Freunden geworden sind, die jeder beim Namen kennt und hundertmal mit Zärtlichkeiten überhäufte, zu töten. Das ›Schlachthauslager‹ nennen sie den traurigen Ort. Ein Teil der Expedition spaltet sich an der blutigen Stätte ab und kehrt zurück, die andern rüsten nun zur letzten Anstrengung, zum grausamen Weg über den Gletscher, den gefährlichen Eiswall, mit dem sich der Pol umgürtet, und den nur die Glut eines leidenschaftlichen Menschenwillens zersprengen kann.

Immer geringer werden ihre Marschleistungen, denn der Schnee körnt sich hier krustig, nicht ziehen müssen sie mehr den Schlitten, sondern schleppen. Das harte Eis schneidet die

Kufen, die Füße reiben sich wund im Wandern durch den lockeren Eissand. Aber sie geben nicht nach. Am 30. Dezember ist der 87. Breitengrad erreicht, Shackletons äußerster Punkt. Hier muß die letzte Abteilung umkehren: nur vier Erlesene dürfen mit bis zum Pol. Scott mustert die Leute aus. Sie wagen nicht zu widerstreben, aber das Herz wird ihnen schwer, so griffnah vom Ziel umkehren zu müssen und den Gefährten den Ruhm zu lassen, als erste den Pol gesehen zu haben. Doch der Würfel der Wahl ist gefallen. Einmal noch schütteln sie einander die Hände, mit männlicher Anstrengung bemüht, ihre Rührung zu verbergen, dann löst sich die Gruppe. Zwei kleine, winzige Züge ziehen sie, die einen nach Süden zum Unbekannten, die anderen nach Norden, in die Heimat zurück. Immer wieder wenden sie von hüben und drüben den Blick, um noch die letzte Gegenwart eines Befreundet-Belebten zu spüren. Bald entschwindet die letzte Gestalt. Einsam ziehen sie weiter ins Unbekannte, die fünf Auserwählten der Tat: Scott, Bowers, Oates, Wilson und Evans.

DER SÜDPOL

Unruhiger werden die Aufzeichnungen in diesen letzten Tagen, wie die blaue Nadel des Kompasses beginnen sie zu zittern an der Nähe des Pols. ›Wie endlos lang dauert das, bis die Schatten langsam um uns herumkriechen, von unserer rechten Seite nach vorne rücken und dann von vorne wieder nach links hinüberschleichen!‹ Aber zwischendurch funkelt immer heller die Hoffnung. Immer leidenschaftlicher verzeichnet Scott die bewältigten Distanzen: ›Nur noch 150 Kilometer zum Pol; wenn das so weitergeht, halten wir nicht aus‹, so meldet noch die Müdigkeit. Und zwei Tage später: ›Noch 137 Kilometer zum Pol, aber sie werden uns bitter schwer werden.‹ Aber dann plötzlich ein neuer, sieghafter Ton: ›Nur noch 94 Kilometer vom Pol! Wenn wir nicht hingelangen, so kommen wir doch verteufelt nahe.‹ Am 14. Januar wird die Hoffnung zur Sicherheit: ›Nur noch 70 Kilometer, das Ziel liegt vor uns!‹ Und am nächsten Tage lodert schon heller Jubel, fast Heiterkeit aus den Aufzeichnungen: ›Nur noch lumpige 50 Kilometer; wir müssen hinkommen, koste es, was es wolle!‹ Man spürt bis ins Herz aus den beflügelten Zeilen, wie straff ihre Sehnen von der Hoffnung gespannt sind, wie alles bebt in ihren Nerven von Erwartung und Ungeduld. Die Beute ist nahe; schon recken sie die Hände nach dem letzten Geheimnis der Erde. Nur noch ein letzter Ruck, und das Ziel ist erreicht.

DER 16. JANUAR

›Gehobene Stimmung‹ verzeichnet das Tagebuch. Morgens sind sie ausgerückt, früher als sonst, die Ungeduld hat sie aus ihren Schlafsäcken gerissen, eher das Geheimnis, das furchtbar schöne, zu schauen. Vierzehn Kilometer legen die fünf Unentwegten bis nachmittags zurück, heiter marschieren sie durch die seelenlose weiße Wüste dahin: nun ist das Ziel nicht mehr zu verfehlen, die entscheidende Tat für die Menschheit fast getan. Plötzlich wird einer der Gefährten, Bowers, unruhig. Sein Auge brennt sich fest an einen kleinen dunklen Punkt in dem ungeheuren Schneefeld. Er wagt seine Vermutung nicht auszusprechen, aber allen zittert nun der gleiche furchtbare Gedanke im Herzen, daß Menschenhand hier ein Wegzeichen aufgerichtet haben könnte. Künstlich versuchen sie sich zu beruhigen. Sie sagen sich – so wie Robinson die fremde Fußspur auf der Insel vergebens erst als die eigene erkennen will –, dies müsse ein Eisspalt sein oder vielleicht eine Spiegelung. Mit zuckenden Nerven marschieren sie näher, noch immer versuchen sie sich gegenseitig zu täuschen, sosehr sie alle schon die Wahrheit wissen: daß die Norweger, daß Amundsen ihnen zuvorgekommen ist.

Bald zerbricht der letzte Zweifel an der starren Tatsache einer schwarzen Fahne, die an einem Schlittenständer hoch aufgerichtet ist, über den Spuren eines fremden, verlassenen Lagerplatzes – Schlittenkufen und die Abdrücke vieler Hundepfoten: Amundsen hat hier gelagert. Das Ungeheure, das Unfaßbare in der Menschheit ist geschehen: der Pol der Erde, seit Jahrtausenden unbeseelt, seit Jahrtausenden und vielleicht seit allem Anbeginn ungeschaut vom irdischen Blick, ist in einem Molekül Zeit, ist innerhalb von fünfzehn Tagen zweimal entdeckt worden. Und sie sind die zweiten – um einen einzigen Monat von Millionen Monaten zu spät –, die zweiten in einer Menschheit, für die der erste alles ist und der zweite nichts. Vergebens also alle Anstrengung, lächerlich die Entbehrungen, irrsinnig die Hoffnungen von Wochen, von Monaten, von Jahren. ›All die Mühsal, all die Entbehrung, all die Qual – wofür?‹ schreibt Scott in sein Tagebuch. ›Für nichts als Träume, die jetzt zu Ende sind.‹ Tränen treten ihnen in die Augen, trotz ihrer Übermüdung können sie die Nacht nicht schlafen. Mißmutig, hoffnungslos, wie Verurteilte treten sie den letzten Marsch zum Pol an, den sie jubelnd zu erstürmen gedachten. Keiner versucht den andern zu trösten, wortlos schleppen sie sich weiter. Am 18. Januar

erreicht Kapitän Scott mit seinen vier Gefährten den Pol. Da die Tat, der erste gewesen zu sein, ihm nicht mehr den Blick blendet, sieht er nur mit stumpfen Augen das Traurige der Landschaft. ›Nichts ist hier zu sehen, nichts, was sich von der schauerlichen Eintönigkeit der letzten Tage unterschiede‹ – das ist die ganze Beschreibung, die Robert F. Scott vom Südpol gibt. Das einzige Seltsame, das sie dort entdecken, ist nicht von Natur gestaltet, sondern von feindlicher Menschenhand: Amundsens Zelt mit der norwegischen Flagge, die frech und siegesfroh auf dem erstürmten Walle der Menschheit flattert. Ein Brief des Konquistadors wartet hier auf jenen unbekannten Zweiten, der nach ihm diese Stelle betreten würde, und bittet, das Schreiben an König Hakon von Norwegen zu befördern. Scott nimmt es auf sich, diese härteste Pflicht treulich zu erfüllen: Zeuge zu sein vor der Welt für eine fremde Tat, die er als eigene glühend erstrebt.
Traurig stecken sie die englische Flagge, den ›zu spät gekommenen Union Jack‹ neben Amundsens Siegeszeichen. Dann verlassen sie den ›treulosen Ort ihres Ehrgeizes‹; kalt fährt der Wind ihnen nach. Mit prophetischem Argwohn schreibt Scott in sein Tagebuch: ›Mir graut vor dem Rückweg.‹

DER ZUSAMMENBRUCH

Der Heimmarsch verzehnfacht die Gefahren. Am Wege zum Pol wies sie der Kompaß. Nun müssen sie achten, bei der Rückkehr außerdem noch die eigene Spur nicht zu verlieren, wochenlang nicht ein einziges Mal zu verlieren, um nicht von den Depots abzukommen, wo ihre Nahrung liegt, ihre Kleidung und die aufgestaute Wärme in den paar Gallonen

Petroleum. Unruhe überkommt sie darum bei jedem Schritt, wenn Schneetreiben ihnen den Blick verklebt, denn jede Abirrung geht geradeaus in den sicheren Tod. Dabei fehlt schon ihren Körpern die unabgenützte Frische des ersten Marsches, da sie noch geheizt waren von den chemischen Energien reichlicher Nahrung, vom warmen Quartier ihrer antarktischen Heimat.

Und dann: die Stahlfeder des Willens ist gelockert in ihrer Brust. Beim Hinmarsche straffte die überirdische Hoffnung, einer ganzen Menschheit Neugier und Sehnsucht zu verkörpern, ihre Energien heroisch zusammen, Übermenschliches an Kraft ward ihnen durch das Bewußtsein unsterblicher Tat. Nun kämpfen sie um nichts als die heile Haut, um ihre körperliche, ihre sterbliche Existenz, um eine ruhmlose Heimkehr, die ihr innerster Wille vielleicht mehr fürchtet als ersehnt.

Furchtbar sind die Notizen aus jenen Tagen zu lesen. Das Wetter wird ständig unfreundlicher, früher als sonst hat der Winter eingesetzt, und der weiche Schnee krustet sich unter ihren Schuhen zur Fußangel, darin sich ihre Schritte verfangen, und der Frost zermürbt die ermüdeten Körper. Immer ists ein kleiner Jubel darum, wenn sie wieder ein Depot erreichen nach tagelangem Irren und Zagen, immer flackert dann wieder eine flüchtige Flamme von Vertrauen in ihren Worten auf. Und nichts bezeugt grandioser den geistigen Heroismus dieser paar Menschen in der ungeheuren Einsamkeit, als daß Wilson, der Forscher, selbst hier, haarbreit vom Tod, seine wissenschaftlichen Beobachtungen fortsetzt und auf seinem eigenen Schlitten zu all der notwendigen Last noch sechzehn Kilogramm seltener Gesteinsarten mitschleppt.

Aber allmählich unterliegt der menschliche Mut gegen die Übermacht der Natur, die hier unerbittlich und mit durch Jahrtausende gestählter Kraft gegen die fünf Verwegenen alle Mächte des Unterganges: Kälte, Frost, Schnee und Wind, heraufbeschwört. Längst sind die Füße zerschunden, und der Körper, ungenügend geheizt von der einmaligen warmen Mahlzeit, geschwächt durch die verminderten Rationen, beginnt zu versagen. Mit Schrecken erkennen die Gefährten eines Tages, daß Evans, der Kräftigste unter ihnen, plötzlich phantastische Dinge unternimmt. Er bleibt am Wege zurück, klagt unaufhörlich über wirkliche und eingebildete Leiden; schauernd entnehmen sie seinem seltsamen Gerede, daß der Unglückselige infolge eines Sturzes oder der entsetzlichen Qualen wahnsinnig geworden ist. Was mit ihm beginnen? Ihn verlassen in der Eiswüste? Aber anderseits müssen sie das Depot ohne Verzögerung erreichen, sonst ... Scott selbst zögert noch, das Wort hinzuschreiben. Um ein Uhr nachts, am 17. Februar, stirbt der unglückliche Offizier, knapp einen Tagemarsch vor jenem ›Schlachthauslager‹, wo sie zum ersten Mal wieder reichlichere Mahlzeit von dem vormonatigen Massaker ihrer Ponys vorfinden.
Zu viert nun nehmen sie den Marsch auf, aber Verhängnis! das nächste Depot bringt neue herbe Enttäuschung. Es enthält zu wenig Öl, und das heißt: sie müssen mit dem Notwendigsten, mit Brennmaterial, haushalten, müssen mit Wärme sparen, der einzigen wehrhaften Waffe gegen den Frost. Eiskalte, sturmumrüttelte Nacht und mutloses Erwachen; kaum haben sie die Kraft mehr, die Filzschuhe sich über die Füße zu stülpen. Aber sie schleppen sich weiter, der eine von ihnen, Oates, schon auf abfrierenden Zehen. Der

Wind weht schärfer als je, und im nächsten Depot, am
2. März, wiederholt sich die grausame Enttäuschung: wiederum ist zu wenig Brennmaterial vorhanden.
Nun fährt die Angst bis in die Worte hinein. Man spürt, wie Scott sich bemüht, das Grauen zu verhalten, aber immer wieder stößt schrill ein Schrei der Verzweiflung nach dem andern seine künstliche Ruhe durch. ›So darf es nicht weitergehn‹, oder ›Gott steh uns bei! Diesen Anstrengungen sind wir nicht mehr gewachsen‹ oder ›Unser Spiel geht tragisch aus‹, und schließlich die grauenhafte Erkenntnis: ›Käme uns doch die Vorsehung zu Hilfe! Von Menschen haben wir jetzt keine mehr zu erwarten.‹ Aber sie schleppen sich weiter und weiter, ohne Hoffnung, mit verbissenen Zähnen. Oates kann immer schlechter mitwandern, er ist immer mehr Last für seine Freunde als Hilfe. Sie müssen bei einer Mittagstemperatur von zweiundvierzig Grad den Marsch verzögern, und der Unglückselige spürt und weiß, daß er seinen Freunden Verhängnis bringt. Schon bereiten sie sich auf das Letzte vor. Sie lassen sich von Wilson, dem Forscher, jeder zehn Morphiumtabletten aushändigen, um eventuell ihr Ende zu beschleunigen. Noch einen Tagemarsch versuchen sie es mit dem Kranken. Dann verlangt der Unglückliche selbst, sie mögen ihn in seinem Schlafsack zurücklassen und ihr Schicksal von dem seinen trennen. Sie weisen den Vorschlag energisch zurück, wiewohl sie alle darüber klar sind, daß er für sie nur Erleichterung bedeute. Ein paar Kilometer taumelt der Kranke auf seinen erfrorenen Beinen noch mit bis zum Nachtquartier. Er schläft mit ihnen bis zum nächsten Morgen. Sie blicken hinaus: draußen tobt ein Orkan.
Plötzlich erhebt sich Oates: »Ich will ein wenig hinausge-

hen«, sagt er zu den Freunden. »Ich bleibe vielleicht eine Weile draußen.« Die andern zittern. Jeder weiß, was dieser Rundgang bedeutet. Aber keiner wagt ein Wort, um ihn zurückzuhalten. Keiner wagt, ihm die Hand zum Abschied zu bieten, denn sie fühlen alle mit Ehrfurcht, daß der Rittmeister Lawrence J. E. Oates von den Inniskillingdragonern wie ein Held dem Tode entgegengeht.

Drei müde, geschwächte Menschen schleppen sich durch die endlose eisig-eiserne Wüste, müde schon, hoffnungslos, nur der dumpfe Instinkt der Selbsterhaltung spannt noch die Sehnen zu wankendem Gang. Immer furchtbarer wird das Wetter, bei jedem Depot höhnt sie neue Enttäuschung, immer wieder zu wenig Öl, zu wenig Wärme. Am 21. März sind sie nur mehr zwanzig Kilometer von einem Depot entfernt, aber der Wind weht mit so mörderischer Kraft, daß sie ihr Zelt nicht verlassen dürfen. Jeden Abend hoffen sie auf den nächsten Morgen, um das Ziel zu erreichen, indes schwindet der Proviant und die letzte Hoffnung mit ihm. Der Brennstoff ist ihnen ausgegangen, und das Thermometer zeigt vierzig Grad unter Null. Jede Hoffnung erlischt: sie haben jetzt nur mehr die Wahl zwischen Tod durch Hunger oder Frost. Acht Tage kämpfen diese drei Menschen in einem kleinen Zelt inmitten der weißen Urwelt gegen das unabwendbare Ende. Am 29. März wissen sie, daß kein Wunder mehr sie retten kann. So beschließen sie, keinen Schritt dem Verhängnis entgegenzugehen und den Tod stolz wie alles andere Unglück zu erdulden. Sie kriechen in ihre Schlafsäcke, und von ihren letzten Leiden ist nie ein Seufzer in die Welt gedrungen.

DIE BRIEFE DES STERBENDEN

In diesen Augenblicken, einsam gegenüber dem unsichtbaren und doch atemnahen Tod, während außen der Orkan an die dünnen Zeltwände wie ein Rasender anrennt, besinnt sich Kapitän Scott aller Gemeinsamkeit, der er verbunden ist. Allein im eisigsten Schweigen, das noch nie die Stimme eines Menschen durchatmet, wird ihm die Brüderschaft zu seiner Nation, zur ganzen Menschheit heroisch bewußt. Eine innere Fata Morgana des Geistes beschwört in diese weiße Wüste die Bilder all jener, die ihm durch Liebe, Treue und Freundschaft jemals verbunden waren, und er richtet das Wort an sie. Mit erstarrenden Fingern schreibt Kapitän Scott, schreibt Briefe aus der Stunde seines Todes an alle Lebendigen, die er liebt.

Wundervoll sind diese Briefe. Alles Kleinliche ist in ihnen vor der gewaltigen Nähe des Todes abgetan, die kristalline Luft dieses unbelebten Himmels scheint in sie eingedrungen. An Menschen sind sie gerichtet und sprechen doch zur ganzen Menschheit. An eine Zeit sind sie geschrieben und sprechen für die Ewigkeit.

Er schreibt an seine Frau. Er mahnt sie, das höchste Vermächtnis, seinen Sohn, zu hüten; er legt ihr nahe, ihn vor allem vor Schlappheit zu bewahren, und bekennt von sich selbst, am Ende einer der erhabensten Leistungen der Weltgeschichte: ›Ich mußte mich, wie Du weißt, zwingen, strebsam zu werden, – ich hatte immer Neigung zur Trägheit.‹ Eine Handbreit vor dem Untergang rühmt er noch, statt zu bedauern, den eigenen Entschluß. ›Was könnte ich Dir alles von dieser Reise erzählen. Und wieviel besser

war sie doch, als daheim zu sitzen in zu großer Bequemlichkeit!‹
Und er schreibt in treuester Kameradschaft an die Frau und die Mutter seiner Todesgefährten, die mit ihm den Tod erlitten haben, um Zeugnis abzulegen für ihr Heldentum. Er tröstet, selbst ein Sterbender, die Hinterbliebenen der andern mit seinem starken und schon übermenschlichen Gefühl für die Größe des Augenblicks und das Denkwürdige dieses Unterganges.
Und er schreibt an die Freunde. Bescheiden für sich selbst, aber voll herrlichen Stolzes für die ganze Nation, als deren Sohn, und würdigen Sohn, er sich in dieser Stunde begeistert fühlt. ›Ich weiß nicht, ob ich ein großer Entdecker gewesen bin,‹ bekennt er, ›aber unser Ende wird ein Zeugnis sein, daß der Geist der Tapferkeit und die Kraft zum Erdulden aus unserer Rasse noch nicht entschwunden sind.‹ Und was männliche Starre, seelische Keuschheit ihm ein Leben lang zu sagen wehrte, dies Bekenntnis der Freundschaft entringt ihm nun der Tod. ›Ich bin nie in meinem Leben einem Menschen begegnet,‹ schreibt er an seinen besten Freund, ›den ich so bewundert und geliebt habe wie Sie, aber ich konnte Ihnen niemals zeigen, was Ihre Freundschaft für mich bedeutete, denn Sie hatten viel zu geben und ich Ihnen nichts.‹
Und er schreibt einen letzten Brief, den schönsten von allen, an die englische Nation. Er fühlt sich bemüßigt, Rechenschaft zu geben, daß er in diesem Kampfe um den englischen Ruhm ohne eigene Schuld unterlegen. Er zählt die einzelnen Zufälle auf, die sich gegen ihn verschworen, und ruft mit der Stimme, der der Widerhall des Todes ein wundervolles Pathos gibt, alle Engländer mit der Bitte auf, seine Hinterblie-

benen nicht zu verlassen. Sein letzter Gedanke reicht noch über das eigene Schicksal hinaus. Sein letztes Wort spricht nicht vom eigenen Tode, sondern vom fremden Leben: ›Um Gottes willen, sorgt für unsere Hinterbliebenen!‹ Dann bleiben die Blätter leer.

Bis zum äußersten Augenblick, bis die Finger ihm festfroren und der Stift seinen steifen Händen entglitt, hat Kapitän Scott sein Tagebuch geführt. Die Hoffnung, daß man bei seiner Leiche die Blätter finden würde, die für ihn und für den Mut der englischen Rasse zeugen könnten, hat ihn zu so übermenschlicher Anstrengung befähigt. Als letztes zittern die schon erfrierenden Finger noch den Wunsch hin: ›Schickt dies Tagebuch meiner Frau!‹ Aber dann streicht seine Hand in grausamer Gewißheit das Wort ›meiner Frau‹ aus und schreibt darüber das furchtbare ›meiner Witwe‹.

DIE ANTWORT

Wochenlang hatten die Gefährten in der Hütte gewartet. Zuerst vertrauensvoll, dann leise besorgt, mit steigender Unruhe schließlich. Zweimal waren Expeditionen zur Hilfe entgegengesandt worden, doch das Wetter peitscht sie zurück. Den ganzen langen Winter verweilen die Führerlosen zwecklos in der Hütte, der Schatten der Katastrophe fällt schwarz in ihr Herz. In diesen Monaten ist das Schicksal und die Tat Kapitän Robert Scotts in Schnee und Schweigen verschlossen. Das Eis hält sie im gläsernen Sarg versiegelt, erst am 29. Oktober, im Südlandsfrühling, bricht eine Expedition auf, um wenigstens die Leichen der Helden und ihre Botschaft zu finden. Und am 12. November erreichen sie das

Zelt; sie finden die Leichen der Helden erfroren in den Schlafsäcken, Scott, der noch im Tode Wilson brüderlich umschlingt, sie finden die Briefe, die Dokumente und schichten den tragischen Helden ein Grab. Ein schlichtes, schwarzes Kreuz über einem Schneehügel ragt nun einsam in die weiße Welt, die unter sich das Zeugnis jener heroischen Leistung der Menschheit für immer verbirgt.

Aber nein! Eine Auferstehung geschieht ihren Taten, unerwartet und wunderbar: herrliches Wunder unserer neuzeitlichen technischen Welt! Die Freunde bringen die Platten und Filme nach Hause, im chemischen Bad befreien sich die Bilder, noch einmal sieht man Scott mit seinen Gefährten auf seiner Wanderschaft und die Landschaft des Pols, die außer ihm nur jener andere, Amundsen, gesehn. Auf elektrischem Draht springt die Botschaft seiner Worte und Briefe in die aufstaunende Welt, in der Kathedrale des Reiches beugt der König dem Gedächtnis der Helden das Knie. Sie wird, was vergebens schien, noch einmal fruchtbar, das Versäumte zu rauschendem Anruf an die Menschheit, ihre Energien dem Unerreichbaren entgegenzustraffen; in großartigem Widerspiel ersteht aus einem heroischen Tode gesteigertes Leben, aus Untergang Wille zum Aufstieg ins Unendliche empor. Denn nur Ehrgeiz entzündet sich am Zufall des Erfolges und leichten Gelingens, nichts aber erhebt dermaßen herrlich das Herz als der Untergang eines Menschen gegen die unbesiegbare Übermacht des Geschicks, diese allezeit großartigste aller Tragödien, die manchmal ein Dichter und tausendmal das Leben gestaltet.

56. Auflage 2023 © Insel-Verlag Leipzig 1927. Alle Rechte vorbehalten, insbesondere das des öffentlichen Vortrags sowie der Übertragung durch Rundfunk und Fernsehen, auch einzelner Teile. Kein Teil des Werkes darf in irgendeiner Form (durch Fotografie, Mikrofilm oder andere Verfahren) ohne schriftliche Genehmigung des Verlages reproduziert oder unter Verwendung elektronischer Systeme verarbeitet, vervielfältigt oder verbreitet werden. Bezugspapier: Kleisterpapier, Leopold Stolba, 1903. Deutsches Buch- und Schriftmuseum der Deutschen Bücherei Leipzig, Inventar-Nr. 12/6156b (Sammlung Bartsch). Gesetzt in der Schrift Janson. Gedruckt auf holzfreies, alterungsbeständiges Werkdruckpapier der Firma LENK Paper Schleipen GmbH, Bad Dürkheim, von der Memminger MedienCentrum AG, Memmingen. Gebunden in Fadenheftung von der Josef Spinner Großbuchbinderei GmbH, Otterweier. Dieses Buch wurde klimaneutral produziert: climatepartner.com/14438-2110-1001. Printed in Germany.
Erste Auflage 1927. ISBN 978-3-458-08165-4.
www.insel-verlag.de